人《ひと》をあるく

尚氏と首里城

上里隆史

吉川弘文館

『尚氏と首里城』

◆目次

佐敷グスク

尚円像　伊是名村提供

今帰仁グスク

首里城正殿

勝連グスク

座喜味グスク

天下人・尚巴志と尚円

二つの島

　沖縄島の北西海上に伊平屋島《いへやじま》*と伊是名《いぜな》*島という島がある。その一つ、伊是名島の港近くの公園に、ある銅像が立っている。着物姿の若き男性をかたどった像は右手に船の櫂《かい》を握りしめ、左手を高くかかげ、南の沖縄島の方角を指さしている。彼の名前は金丸《かねまる》*。この島で生まれ、後に尚円《しょうえん》王として即位した人物である。沖縄県はかつて「琉球王国」という独立国家であった。首里（那覇市）を都とした統一王朝には二つの尚氏王朝があり（両王朝には直接の血のつながりはない）、金丸は明治十二年（一八七九）までつづく第二尚氏王朝を創始した英傑である。

尚円像　伊是名村提供

　さらに伊是名島の北にある伊平屋島には、第一尚氏王朝の初代王となった思紹《ししょう》*の祖父、屋蔵大主《やぐらうふぬし》*の墓がある。近世期に第一尚氏の由来を記した『佐銘川《さめかわ》大ぬし由来記』によると、屋蔵大主は伊平屋・伊是名一帯

＊**伊平屋島**　沖縄島の北西に位置し、沖縄県最北端の島。長さ十四キロ、最大幅三キロの南北に細長い地形で、伊是名島と隣接する。琉球王国時代、両島を一括して「伊平屋島」という行政単位であった。

＊**伊是名島**　沖縄島の北西、伊平屋島の南方に位置し、東西約四キロ、南北約五キロの島。第一尚氏、第二尚氏の始祖に関わる伝承があり、十七世紀以降は尚円王の旧跡が国家的聖地として整備された。

＊**金丸**　一四一五～七六年。第二尚氏王朝の初代王、尚円。伊是名島から身を興し、尚泰久王代には王府の重職を歴任。一四六九年の尚徳

を統治した実力者で、伊是名島を任されていた息子の佐銘川大主《さめかわ》*が沖縄島の佐敷に渡り、やがて大城按司《うふぐすくあじ》*の娘をめとり苗代大親《なわしろうふや》（後の思紹）が生まれたという。琉球王国を成立させた尚巴志《しょうはし》*はこの思紹の子である。つまり伊平屋島・伊是名島は琉球の王者を生み出した土地なのである。なぜ両島が奇しくも二つの王朝発祥の地となったのか。その実態は伝承に彩られ、多くを明らかにすることはできない。いずれにせよ、伊平屋・伊是名島が琉球王権にとっての由緒ある特別な地と認識されていたことは疑いがない。

十五世紀の戦乱つづく沖縄島を統一し「琉球王国」を打ち立てた尚巴志、つづいて王朝を継ぎ王国の統治を確固たるものにした尚円（金丸）とはいかなる人物だったのか。日本の歴史でいえば織田信長や豊臣秀吉などにあたる天下人だが、全国的に彼らの事績や人物像は広く知られているというわけではない。本書では尚巴志と尚円、二人の尚氏を中心にその足跡と時代背景をたどっていこう。なお琉球は中国の朝貢国だったので一貫して中国年号を使用

尚円王みほそ所（尚円の生誕地）

王死後、クーデターを起こした家臣団の推戴により王に即位した。

＊**思紹**　?〜一四二一年。第一尚氏王朝の初代王。もと苗代大親といい、佐敷按司となる。息子の尚巴志に按司の地位を譲り、尚巴志が中山王武寧を打倒した一四〇六年、中山王に即位した。

＊**屋蔵大主**　第一尚氏王朝の始祖・思紹の祖父で伊平屋島・伊是名島一帯を統治した首長と伝わる。息子の佐銘川大主は伊是名を統治し、娘は我喜屋ノロ（神女）となったという。現在、我喜屋に屋蔵大主のものと伝えられる墓がある。

＊**佐銘川大主**　屋蔵大主の子で思紹の父。伝承では伊是名グスクを築き、伊是名島を統治したという（一説には漁民とも）。やがて沖縄島に渡り、佐敷間切に移

第一尚氏の略系図

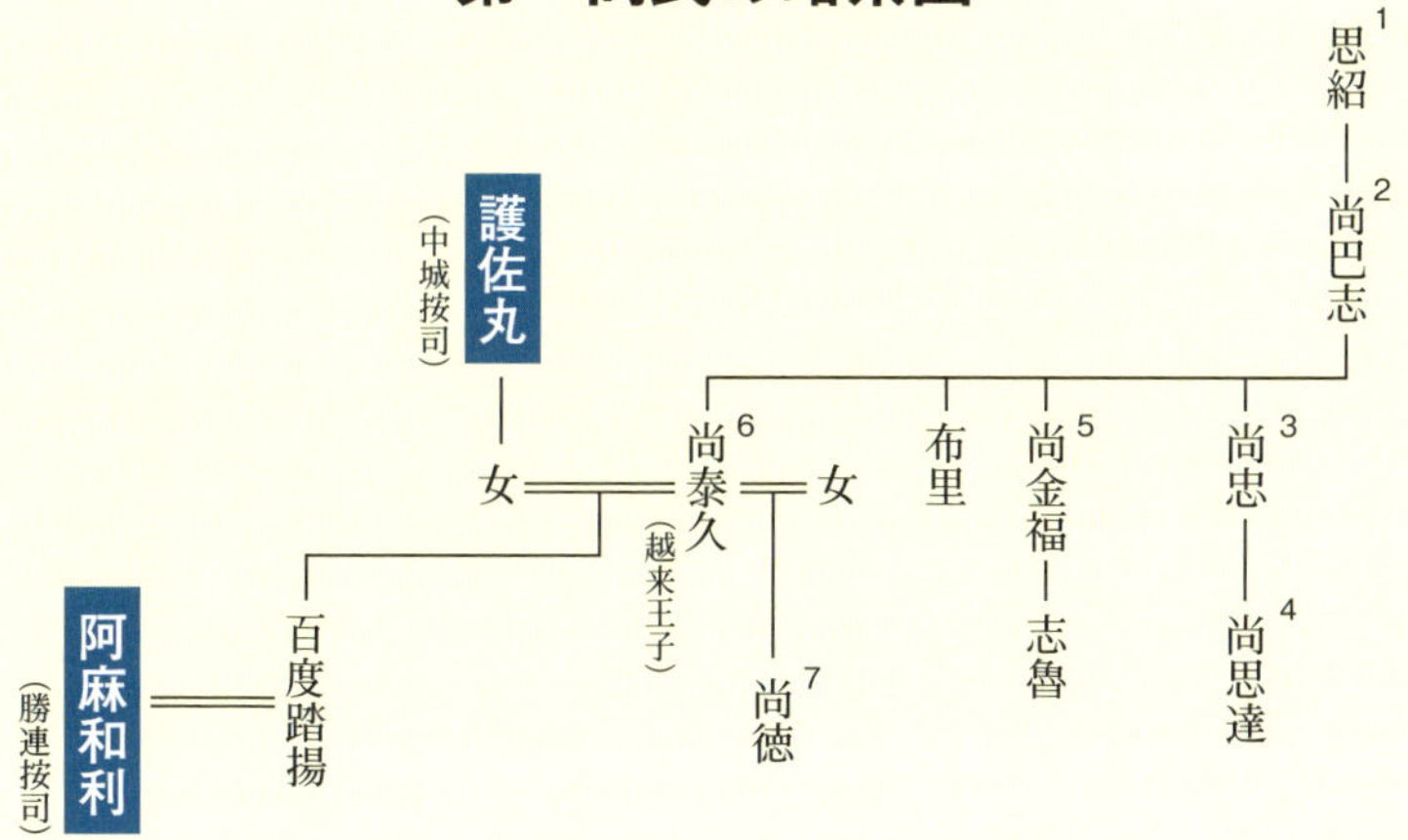

していた。本書では年号表記を原則中国のもので表記したい。

真物・尚巴志　尚巴志は洪武五年（一三七二）、沖縄島南部の佐敷《さしき》で生まれた。父は佐敷按司（地域の首長）の思紹。知念半島の一部を領域とする小さな勢力にすぎなかった。後世に書かれた『球陽《きゅうよう》』によると、尚巴志は身長五尺（およそ百五十センチ）に満たず、「佐敷小按司」と呼ばれていたという。しかしその性格は「胆大《たんだい》にして志高く、雄才世《ゆうさいよ》を蓋《おお》う」また「英明神武《えいめいしんぶ》にして擎天《けいてん》の翼あり」と評され、非凡なる才能を持っていたようである。

　彼の人となりを知る英雄譚《えいゆうたん》がある。幼年の頃、尚巴志は佐敷の隣にある与那原《よなばる》に遊び、そこで鉄鍛冶に刀を

住。大城按司の娘を娶って、苗代大親（のちの思紹）が生まれた。

＊**大城按司**　大里間切の大城グスクを拠点とする按司。十四世紀、島添大里按司との戦いに敗れ、按司の真武は自害した。

＊**尚巴志**　一三七二～一四三九年。第一尚氏王朝第二代の王。佐敷按司・思紹の子として生まれ、島添大里按司を打倒後、中山王を滅ぼし思紹を王に就け、山北、山南を併呑し統一王朝を樹立した。

作らせた。しかし鍛冶は農具の製造に忙しく、三年後にようやく完成した。折しも与那原の港には鉄塊《てっかい》を積載した外国船が来航しており、外国商人は尚巴志の刀を見てこれを求めた。尚巴志は商人の鉄塊と自身の刀を交換し、それを惜しげもなく民たちに与えて農具を作らせ、人々の心をつかんだという逸話である。この話は前代の察度王にも共通する内容であり、一種のパターン化された伝承と考えられるが、沖縄で鉄は産せず輸入に頼るほかない貴重品であったこと、与那原が沖縄島における海上交通の要衝であったことは事実であり、貴重な鉄農具の配布が領民の支持を獲得する有効な手段であったのは充分考えられることである。

また近世の歴史書『中山世鑑《ちゅうざんせいかん》』*には「進んでは万人を慈《いつく》しみ、退いては自身に欲があることを恥じ、謙虚でおごらず、安全な時も危機の状況になることを忘れず、民が飢えると自らも飢え、民が寒がればおのれも寒くして、すべて人の憂いばかりを嘆いたので、南方の按司たちは尚巴志に帰服する者が多かった」とある。年代は特定できないが尚巴志の時代とほぼ同時期につくられたとみられる神歌（オモロ）もあり、そのなかで「佐敷の苗代に生まれたのは真物《まもの》（優れた者）だ」と称え、また佐敷グスクの門口に羽ばたく「鬼鷲」を謡っている（『おもろさうし』*）。名前は明記されていないが、これらは尚巴志を指している可能性もあるだろう。

なお「尚巴志」の名はもともと「小按司」あるいは童名「サバチ」などの読みを漢字にあてたものとも考えられる。中山王となってから名乗った神号*は「勢治高真《せじだかま》

---

*『中山世鑑』　琉球初の正史で一六五〇年編纂。羽地朝秀の著。和文体で書かれ、開闢神話から第二尚氏王朝の尚清王代まで記述。

*『おもろさうし』　一五三一年から一六二三年まで三回にわたり王府によって編纂されたオモロ（神歌）の歌謡集。全二十二巻。王や按司の礼賛、航海や貿易、農耕、貢租、予祝儀礼を謡ったオモロが収録されている。

*神号　古琉球、王が神々より与えられた名。最初の舜天から十七世紀の尚豊までの歴代王に付けられた。たとえば尚寧王は「日賀末按司添（てだがすえあぢおそい）」など。

*武寧　?〜一四〇六年。察度王統の第二代。中山王。一四〇四年に初めて明より冊封を受けるが、一四〇六年、思紹・尚巴志の軍勢によって拠点の浦添グスクを攻められ、滅ぶ。

尚円王御後絵　鎌倉芳太郎撮影、沖縄県立芸術大学附属図書・芸術資料館所蔵

物《もの》」。「霊力の高い優れた者」を意味する。

尚巴志は父の思紹から譲られ佐敷按司となると、ここから琉球統一の覇業が開始されることになる。当時の沖縄島は三つの勢力に分かれ、互いに争う戦国の時代であった。今帰仁《なきじん》グスクを拠点とする山北（北山）、浦添グスクを拠点とする中山、島添大里グスク・南山グスクを拠点とする山南（南山）である。尚巴志はまず近隣の有力按司であった島添大里按司を倒すと、勢いに乗って永楽四年（一四〇六）に中山王・武寧《ぶねい》*を滅ぼし、父の思紹を中山王の位に就けた。

三山最強の勢力だった中山を掌握した思紹・尚巴志親子は、当時活況を呈していた港湾都市・那覇港にあった華人居留地《かじんきょりゅうち》の久米村*とも強固な協力関係を築いて海外交易も掌握し、さらに力をつけていく。永楽十四年（一四一六）には今帰仁グスク*へ軍勢を派遣して山北王の攀安知《はんあんち》*を滅ぼした後、首里城周辺を整備して王都の威容を増した。そして細々とつづいていた山南の他《た》魯毎《るまい》*を宣徳四年（一四二九）に攻めてこれを滅ぼし（年代は諸説あり）、ついに沖縄島を統一した。四百五十年にわたりつづく「琉

---

* **久米村**　那覇の浮島にあった華人居留地。「唐営（唐栄）」ともいう。福建省を中心とした人々が居住し、琉球の朝貢活動を支えた。十五世紀には「土城」で囲われ壮麗な瓦葺き建物があったとみられる。

* **今帰仁グスク**　沖縄島北部最大のグスク。今帰仁村に位置。歴代の山北王の居城であったが、一四一六年に中山に滅ぼされ、以降は山北監守が設置された（〜一六六五年）。野面積みの石垣九つの郭で構成される。

* **攀安知**　?〜一四一六年。最後の山北王。一四〇三年に国俗を変えるため明へ冠服を要求。一四一六年、今帰仁グスクで中山軍を迎え撃つが、部下の本部平原に裏切られ自刃。

* **他魯毎**　?〜一四二九年。最後の山南王。父の汪応祖が兄の達勃期に殺されると南山の按司たちに担がれ即

球王国」が成立したのである。尚巴志はこの十年後、正統四年（一四三九）にこの世を去った。彼の遺骸は首里の天山陵に葬られた。

農民から出世した尚円

　もう一人の尚氏である尚円（金丸）は、尚巴志が山北を攻略する一年前の永楽十三年（一四一五）、伊是名島の農民として生まれた。もとの名は「松金《まつがね》（思徳金《うみとくがね》とも）」。後になって「金丸」と名乗る。彼は二十歳の頃に父母を亡くし、五歳の弟（後の尚宣威）とともに暮らしていた。ある時、島が干ばつとなったが、金丸の田だけ水が涸れることなくあふれている。彼の田が湧き水に近いというのが理由だったようだが、村人は水泥棒の疑いをかけ、身の危険を感じた金丸は妻と弟とともに伊是名島を脱出し、沖縄島北部の宜名真に逃げのびた。二十四歳の時であった。だがここでも彼は人々に受け容れられず、二十七歳で首里へと移り、越来王子の尚泰久*に仕えた。

　尚巴志の死後、カリスマの不在となった第一尚氏王朝は動揺しはじめる。景泰四年（一四五三）、尚金福死後の王位継承争いにより首里城が焼失、王位候補の志魯《しろ》・布里《ふり》がこの争いで死んだ（志魯・布里の乱*）。新国王の座は思いもかけず尚泰久にまわってきた。金丸は西原間切内間の領地を与えられ、善政により領民は心服して評判になったという。

　天順二年（一四五八）、護佐丸《ごさまる》・阿麻和利《あまわり》の乱*が勃発する。勝連《かつれん》按司の阿麻和利が謀略により中城按司の護佐丸を滅ぼした後、さらに首里城へ攻め上り王位を奪おう

位。一四二九年に尚巴志に滅ぼされた。

＊**尚泰久**　一四一五〜六〇年。第一尚氏第六代の王。尚巴志の七男。神号は大世主。一四五三年、志魯・布里の乱で越来王子から王位に就く。

＊**志魯・布里の乱**　一四五三年の尚金福王の死後、子の志魯と甥の布里が王位をめぐって争った乱。双方討ち死にし、この時の争乱で首里城正殿も焼失した。

＊**護佐丸・阿麻和利の乱**　一四五八年、勝連按司の阿麻和利が首里王府の転覆をはかった事件。進軍の障害だった中城の護佐丸を讒言により滅ぼすも、計画は発覚。王府軍により阿麻和利は討たれた。

とする。首里城攻略の計画は事前に発覚し、王府の軍勢によって阿麻和利は討たれた。第一尚氏王朝は沖縄島を統一したものの各地にはまだ有力な按司が割拠しており、強固な支配体制を確立できないでいた。争乱はこうした状況下で起こったのである。

この乱にさいしての金丸の動きは不明だが、乱直後の天順三年（一四五九）には港湾都市・那覇の行政と貿易長官を兼ねた御物城《おものぐすく》御鎖之側《おさすのそば》に就任する。尚泰久は金丸を有能な臣下として重用し、国政への意見も求めるようになったが、天順四年（一四六〇）に王位を継いだ子の尚徳*は才能があるゆえに独断専行が多く、金丸の諫《かん》言《げん》を聞かずたびたび衝突し、成化四年（一四六八）に金丸は政治の第一線から離れ、領地の内間に隠居した。ところが翌年に尚徳は突然この世を去った。首里城において尚徳の子への王位継承が行われたさい、集まった群臣がクーデターを起こし、王族らは殺害された。尚徳に不満を抱いていた者も多かったのだろう。群臣たちは金丸を新たな王に推戴して彼は尚円を名乗り、ここに第二尚氏王朝が成立することになった。農民から身を興して、金丸は

阿麻和利　『沖縄風俗図絵』

＊**尚徳**　一四四一〜六九年。第一尚氏第七代の王。神号は世高王、八幡之按司。一四六六年の喜界島親征や天界寺大宝殿の建立など精力的に政治に取り組むも一四六九年に急死。

ついに琉球王国の頂点へとたどりついたのである。

琉球の隆盛と衰退

尚円の子、尚真《しょうしん》（一四六五〜一五二六）の代には王府機構の整備、各地に割拠していた按司たちの首里集住、地方における間切《まぎり》・シマ制度を設定して中央集権化を達成し、琉球国王が絶大な権力をにぎった。阿麻和利のように首里の王に反抗する力を按司たちは失ったのである。また奄美大島や八重山に軍勢を派遣して王国の版図を広げるなど、国内体制は強固なものになっていった。

だがいっぽう、十六世紀中頃になると朝貢貿易の衰退は顕著となり、東アジアの海域世界では後期倭寇*の跳梁《ちょうりょう》、明の海禁緩和による民間貿易の活発化によって琉球は交易活動の場を奪われていった。隆慶四年（一五七〇）にはシャム*との通交は途絶した。

戦国時代の日本では九州で島津氏が台頭し、南の琉球へも政治的圧力が徐々に強まっていった。やがて豊臣秀吉の政権が誕生し、島津氏を介して「唐《から》入《い》り（朝鮮侵略）」参加と従属化が強要され、琉球は日明両国の狭間で困難な外交の舵取りを迫られていく。秀吉の試みはやがて失敗に終わるも、十七世紀に入ると徳川家康の政権が日明講和交渉の仲介を琉球に担わせようとする。東北伊達領に漂着した琉球人送還に対し、家康は聘礼《へいれい》の使者派遣を求めるも琉球は拒絶。これを好機として島津氏は琉球攻略の許可を取り付け、万暦三十七年〔慶長十四年〕（一六〇九）、およそ三千の島津軍が琉球に侵攻し、わずか十日ほどで首里城を制圧した。国王の尚寧は駿府城

＊**倭寇**　十四〜十六世紀頃、中国・朝鮮半島を襲った武装集団。前期（十四〜十五世紀）・後期倭寇（十六世紀）に分けられ、国家・民族を越えた多国籍の構成であることが特徴。

＊**シャム**　タイ。琉球と交流があったのはアユタヤ朝（一三五一〜一七六七）。チャオプラヤー川流域の港市アユタヤを中心に栄えた。中国名は「暹羅」と表現される。

の家康と江戸城の秀忠のもとへ連行された。この事件以降、琉球は王国の体制をそのまま維持されたが、明との朝貢関係とともに薩摩藩の支配のもと日本の幕藩体制にも編入されることになった。

琉球は日本本土と異なる歴史の道を歩んできたため、独自の時代区分を設定している。十二世紀頃から一六〇九年までを「古琉球」、一六〇九年から一八七九年の琉球処分による王国滅亡までを「近世琉球」としている。「古琉球」は琉球王国が成立・展開し、アジア各地との活発な交易が行われた時代であり、尚巴志と尚円が活躍した時代である。彼らについて記した史料は後世の英雄譚で脚色されたものがほとんどで、同時代史料が多いとはいえない。彼らの実像は当時の社会や時代背景をあわせて検討していくことで、浮き彫りにすることができるのではないだろうか。次章からはこれまでに明らかになった「古琉球」の歴史や同時代史料もあわせて、二人の実像に迫っていきたい。

I

尚氏の履歴書—琉球王国の盛衰

尚氏の略歴

1372 年	尚巴志、佐敷按司・思紹の子として誕生
1402 年	尚巴志、佐敷按司となり、島添大里按司を打倒
1406 年	中山王武寧を滅ぼし、思紹を中山王に
1415 年	金丸（尚円）、伊是名島に誕生
1416 年	尚巴志、山北を滅ぼす
1422 年	尚巴志が即位
1429 年	尚巴志、山南を滅ぼし三山統一
1439 年	尚巴志、死去。首里の天山陵に葬られる
1441 年	金丸、尚泰久に見出され王府に仕える
1454 年	金丸、西原間切内間の里主に就任
1459 年	金丸、御物城御鎖之側に就任
1468 年	金丸、尚徳と対立し、内間に隠居
1470 年	金丸、尚円として王に即位
1476 年	尚円、死去。首里の見上森陵に葬られる

一　「戦国」と「交易」の時代到来

按司の登場と三山鼎立

数千年の長い狩猟採集の時代を経て、南西諸島では十二世紀頃に農耕が開始された。各地に集落（シマ＊と呼ばれる）が形成され「按司」と呼ばれる首長が登場する。按司たちは互いに抗争を繰り返し、やがて「グスク」という城砦を拠点に自らの勢力の拡大を図るようになる。

南西諸島に存在するグスクの総数は三百以上あるとされ、聖地や墓など軍事的性格を持たないものも多くあるが、丘陵上に簡素な石積みや柵を設けた小型のグスクから、抗争を通じて次第に防御的な施設としての性格を増していったと考えられている。

按司は「世《よ》の主《ぬし》」とも呼ばれ、いくつもの集落（シマ）を束ね、神聖な太陽（テダ）に擬せられる存在であった。古琉球の神歌を収録した『おもろさうし』によると、兵士たちは「大ころ」「厳子《いっこ》」、軍勢は「軍《いくさ》」「勢軍《せいくさ》」とある。大城按司の軍勢は「大城親軍《おやいくさ》」、首里王府の軍勢は「首里親軍」などと呼ばれていたようである。按司を守護する女性神官「ノロ」＊は「戦《いくさ》せぢ（戦闘の霊力）」を兵士たちに与える存在で戦勝を祈願し、時には武装し軍勢の先頭に立っていた様子がオモロからうかがえる。

＊シマ　各地の集落単位。近世には「村」と呼ばれ、現在の字（あざ）につながる。

＊ノロ　神女。「祝女」とも書く。女性の霊的優位信仰（ヲナリ神信仰）にもとづき、琉球各地の集落で祭祀を執り行った。ノロは琉球王府により組織化され、古琉球では国王の辞令詔書によって任命された。

按司たちの抗争のすえ、やがて十四世紀後半には沖縄島は三山という三つの勢力にまとまっていく。沖縄島北部の今帰仁グスクを拠点とする山北（北山）、中部の浦添グスク*を拠点とする中山、南部の島添大里グスクや南山グスク*を拠点とする山南（南山）である。

グスクなどから出土する鉄の矢じりは十四世紀後半から激増するが、その量はそれ以前の時代の十六倍にも達し、出土する遺跡自体も十倍近くになっている。これは戦争のための武器を生産・消費する社会状況が顕著になってきたことを示している。三山の抗争は熾烈を極めたようで、洪武十八年（一三八五）には琉球を訪れた明朝の使者が三山の抗争を目の当たりにし、後に洪武帝*より停戦が勧告されている（『明太祖実録』）ほどだ。このように戦争が常態化していた三山だが、その実態は「王」に権限が集中する「国家」ではなく、按司の連合政権のような緩やかな政体であった。三山の「王」は按司の中の最有力者が就くような存在

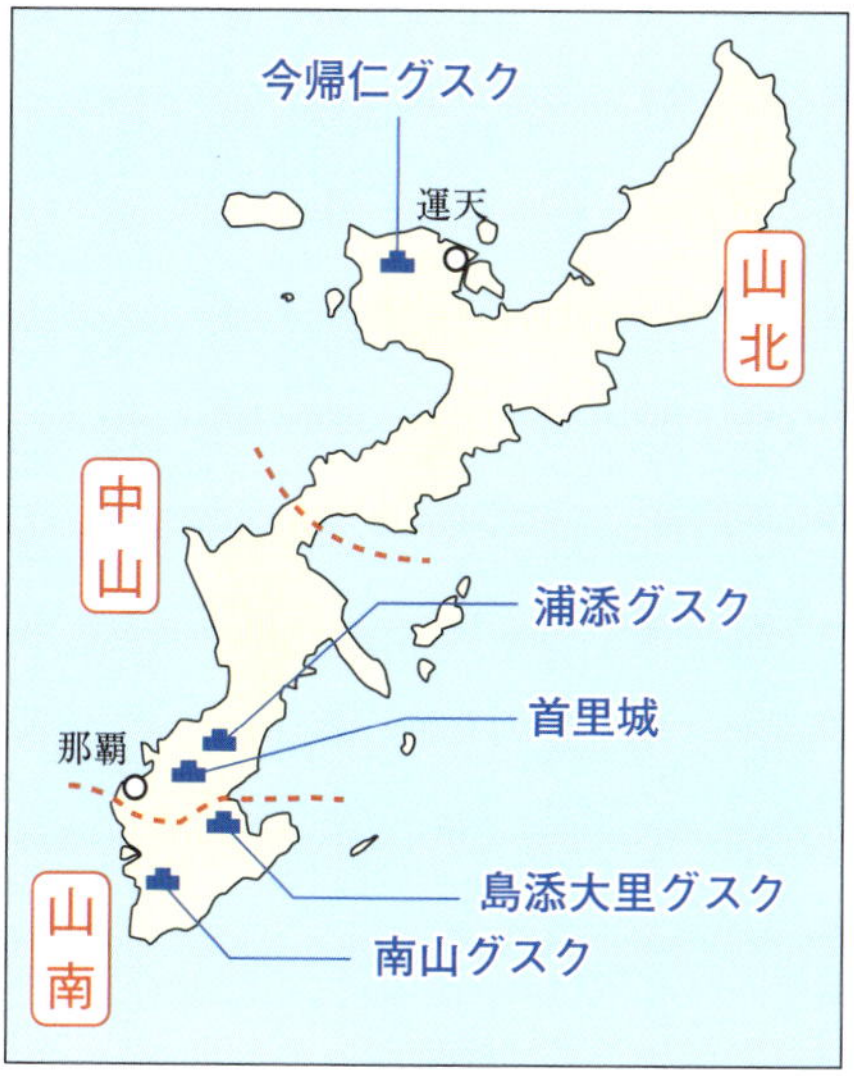

三山概念図

＊浦添グスク　第一尚氏王朝成立以前の中山の拠点となったグスク。石積みの周囲に土の物見状郭、堀などを配置、正殿は高麗系の灰色瓦で葺かれていた。十六世紀から浦添王子の邸宅になるが一六〇九年の薩摩島津軍の侵攻で焼失。

＊南山グスク　山南王・他魯毎の居城。島尻大里グスクとも。現糸満市大里の標高約五十㍍の丘陵に位置。北側の野面積み城壁がわずかに残る。東方に嘉手志川（湧泉）がある。

＊洪武帝　一三二八～九八年。朱元璋。太祖。元末、紅巾の乱から身を興し台頭。敵対する陳友諒や張士誠らを滅ぼし、元を北方に駆逐。一三六八年には明朝を樹立。都を応天府（南京）に定めた。

で、強固な王権支配が確立していなかったのである。それに「琉球国中山王」の呼称のように、三山は「琉球国」内部に存在した勢力であり、個々が「国家」として国外から認識されてもいなかった。

「按司連合政権」の様相は山南でとくに顕著で、王位をめぐる争いが絶えなかった。洪武二十七年（一三九四）、山南王の子、承察度《しょうさつと》*が中山王に追われ朝鮮に亡命する事件が起こっており、次の王・汪応祖《おうおうそ》*は兄の達勃期《たぶち》*のクーデターで永楽十三年（一四一五）に殺害され、対して山南の按司連合は汪応祖の子、他魯毎《たるまい》を推戴し達勃期を誅殺するなど、混乱がつづいていた。こうした状況が小勢力だった尚巴志を台頭させる一つの要因になったと考えられる。

明朝の冊封・朝貢体制への参入

三山の戦乱状況と並行して、琉球をとりまく海域世界では大きな変化が起こっていた。中国大陸で至正八年（一三四八）に方国《ほうこく》珍《ちん》の乱*、至正十一年（一三五一）に紅巾《こうきん》の乱*をはじめとした元末の内乱、一三五〇年以降の倭寇活発化で沿岸部の治安が悪化していた。そのため日中間を往来する民間海商は従来の博多—慶元〔寧波《ニンポー》〕の「大洋路」を避け、南九州から南西諸島を通過し福建に至るルート「南島路」を利用し始めたのだ。たとえば南西諸島で出土する中国陶磁器（ビロースク・タイプ*）は、十四世紀中頃から沖縄諸島でおよそ六倍、奄美諸島で七倍と激増する。陶磁器の激増はこの時期の南西諸島において、何らかの流通の画期があったことを意味している。琉球の朝貢開始（一三七二年）に先行し

---

* **承察度**　山南王。一三八〇年、山南で初めて明に入貢。以来、一三九六年まで朝貢。一三九八年、朝鮮に亡命中の山南王・温沙道（承察度か）が死去したとの記録がある。承察度は「うふさと（大里）」の当て字か。

* **汪応祖**　?～一四一五年。山南王。豊見グスクの按司と伝わる。承察度に次いで一四〇二年、明に初入貢、翌年冊封を受けるも、一四一五年に達勃期に殺害された。

* **達勃期**　?～一四一五年。汪応祖の兄。一四一五年、汪応祖を殺害するが、山南の各按司は連合して達勃期を討ち、汪応祖の子・他魯毎を新王に推戴した。

* **方国珍の乱**　一三四八年、浙江省台州を拠点とした海運業者の方国珍による武装蜂起。華南から大都への海運路を遮断し一大勢力となった。元朝は鎮圧できず、

て、外来者との交流の動きが活発化していたのである。

こうした航路の変化で、天然の良港であった那覇の浮島付近に多くの商船が集まり、民間の華人や日本人など外来者の居留地が形成されていった。華人居留地「久米村（唐営《とうえい》）」が代表的存在である。朝貢開始以前すでに華人の琉球居住が確認されていることから、十四世紀後半に何らかの居留地があったことがうかがえる。なお近年行われた那覇の港湾部（渡地村跡）の発掘調査では十四世紀後半からの陶磁器が確認されており、それ以前の遺物が見つかっていないことから、南島路が活況を呈する頃から那覇が港として利用されはじめたようだ。

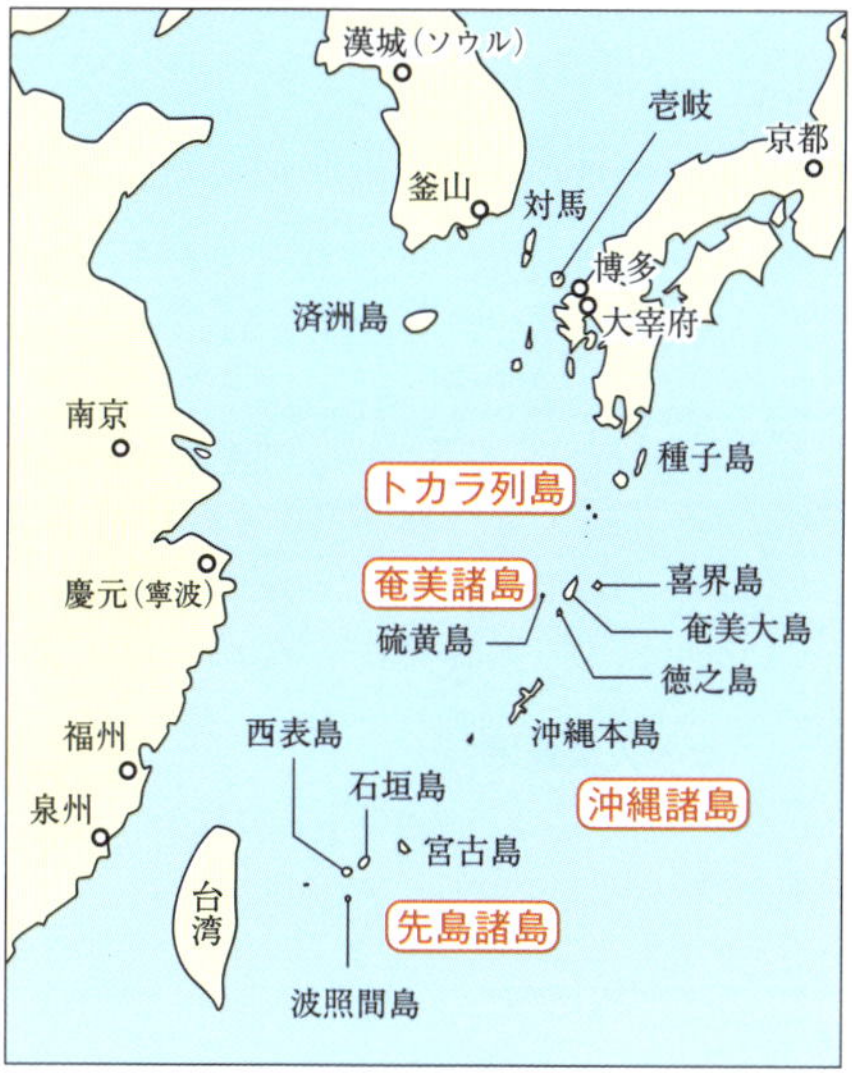

南西諸島地図

サンゴ礁に囲まれた南西諸島は外洋航海の大型船が安全に停泊できる場所は、実はそれほど多くない。船が岸に近づけば、サンゴ礁の浅瀬に座礁《ざしょう》・破船してしまう危険があったからだ。こうした地形のなかで数十隻の大型船が恒常的に停泊可能な港は、前近代を通じて沖縄島北部の運天港*と南部の那覇港のみで

懐柔して同じく反乱した張士誠とともに海運を任せざるをえなかった。

* 紅巾の乱　一三五一年、安徽省潁州で白蓮教の教主を戴いた劉福通が元朝打倒をめざし武装蜂起した反乱。乱の動きは中国各地に広がり、元朝滅亡の一因となった。「紅巾」とは頭に紅巾を巻いたことに由来。

* ビロースク・タイプ　十三世紀後半〜十五世紀初め頃、中国福建省の閩清窯で焼かれた粗製の白磁碗。石垣島のビロースク遺跡で多量に出土されたことから名づけられた。

* 運天港　沖縄島の本部半島北東部に位置する港。本部半島と屋我地島間の海峡にあり、天然の良港として利用された。源為朝上陸の伝承があり、十五世紀の『海東諸国紀』には「雲見泊／要津」と記載。近世には薩摩への年貢米（仕上世米）の積出港となった。

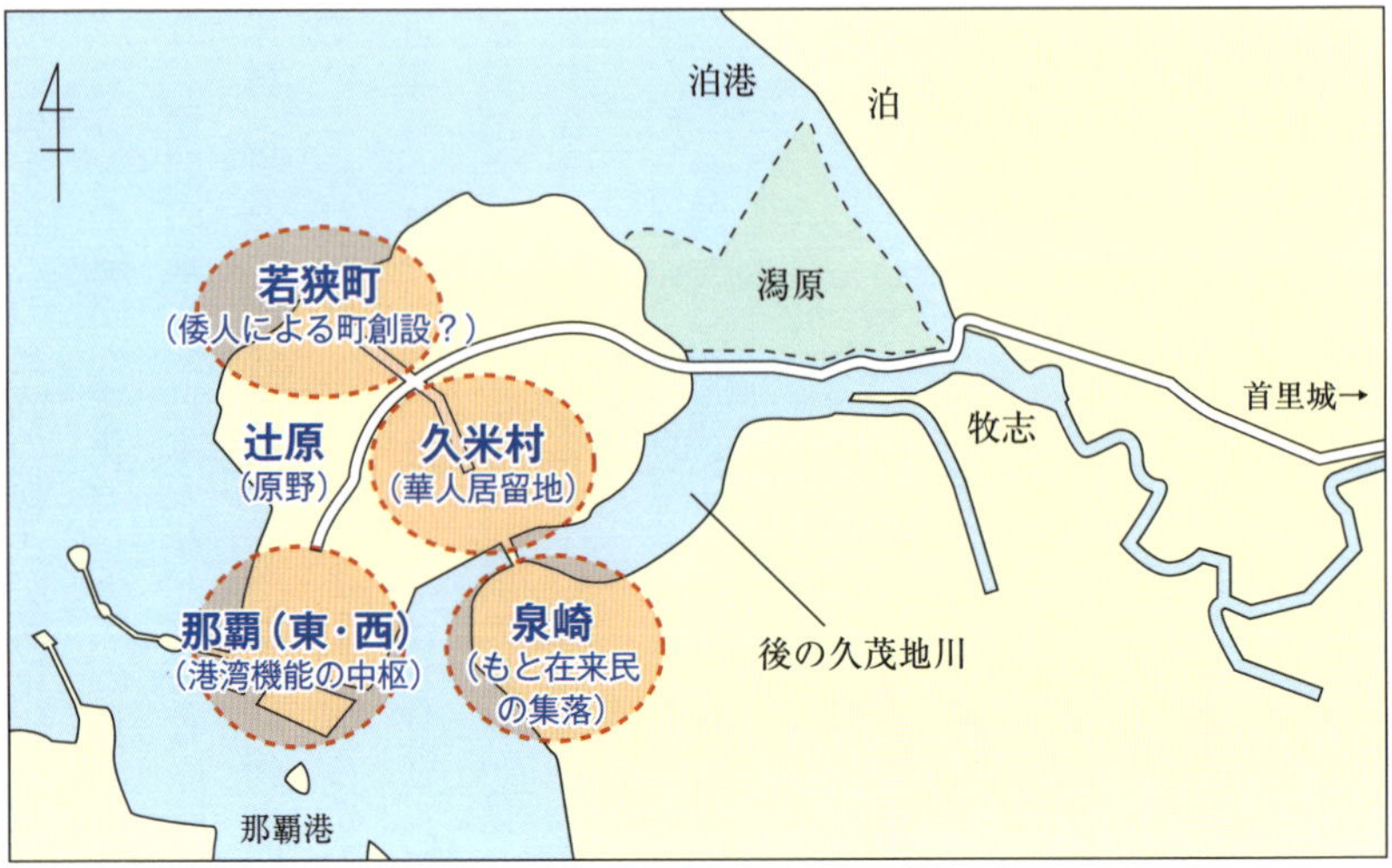

古琉球那覇概念図

あった。とくに那覇港は浮島と呼ばれる居住可能なスペースが存在しており、港口が狭く運天港より機能は劣ったものの、外来者にとって長期滞在が可能であり、南島路の中継基地としての機能を果たしたのが那覇港の発祥ではないか。

こうして十四世紀末頃までにグスク時代以来の伝統的な農業集落（シマ）を基礎とした琉球社会のなかに、突如として「異国空間」が出現したのである。按司たちの割拠する各地の《村落社会》と那覇の《港湾都市》という二重の社会が形作られ、これが王国形成の前提となった。

洪武元年（一三六八）に朱元璋《しゅげんしょう》（洪武帝）が樹立した明朝は、中国を中心とした伝統的な華夷秩序*のもと、

＊華夷秩序　中国を中心とした伝統的な国際秩序。「中華」たる皇帝が周辺地域を教化、臣従した各地域を版図として組み込み、皇帝と各首長は冊封・朝貢の関係で結びついた。

＊懐良親王　一三三〇？〜一三八三年。後醍醐天皇の皇子。征西将軍として九州で勢力を拡大。一三七一年に明より「日本国王」として封じられるも、九州探題今川了俊に敗れ大宰府を追われた。

周辺地域の首長に対し皇帝との君臣関係を結ぶことを求めた。これを「冊封《さくほう》・朝貢関係」と呼ぶ。冊封とは各地の首長を中国皇帝が「王」に封じて承認すること、朝貢とは冊封された諸国の王が中国に対して定期的に貢物を献上し、その忠誠を示すことをいう。

明朝はこうした体制を東アジア周辺地域にまで及ぼし、超大国の「中華」としてその威厳を示した。日本も南朝の懐良《かねよし》親王*が建徳二年〔応安四年〕（一三七一）に入貢し、明朝より「日本国王」として承認されている。この動きは南西諸島にもおよび、洪武帝は翌年、招諭使・楊載*を遣わして浦添グスクの察度に入貢を求めたのである。察度はこの求めに応じ、「琉球国中山王」として弟の泰期*を明へ派遣している。これ以降、琉球は約五百年にわたって中国との関係をつづけていくことになる。

明朝からの返礼の品（回賜品《かいしひん》）は高価な中国商品であり、また朝貢に付随して行われた貿易の利益も莫大なものであった。しかも明朝は中国の儀礼や文化を表面上でも守っていれば原則として内政干渉や搾取《さくしゅ》はおこなわず、朝貢国は自国の独自性を保つことができた。琉球にとってこれほどメリットのある制度を利用しない手はない。察度につづいて洪武十三年（一三八〇）には山南王の承察度が、洪武十六年（一三八三）には山北王の帕尼芝《はにじ》*が進貢使者を派遣する。こうして並び立つ形で明との関係を築いた三山は、朝貢貿易を始めとした海外貿易に積極的に乗り出し、貿易がもたらす莫大な富と、超大国・明朝の権威が三山の王へ求心力を集めることになる。

＊**楊載**　明の招諭使。行人（正九品）。明への入貢を求め一三六九年、日本の大宰府にいたるも、懐良親王によって使節団の多くが殺され、逃げ帰った。一三七二年には琉球の中山王察度のもとを訪れ、入貢を促した。

＊**泰期**　中山王察度の弟。一三七二年、中山の使者として琉球で初めて明に入貢。『おもろさうし』では「宇座の泰期思い」と謡われており、現読谷村宇座一帯を治めた人物とみられる。

＊**帕尼芝**　山北王。「羽地」か「兼次」の当て字とみられる。一三八三年、山北王として初入貢、一三八五年に洪武帝より駝紐鍍金銀印を賜っている。以降、一三九〇年まで朝貢。

ジャンク船　泉州市海交史博物館

ただし三山による朝貢貿易は各自が単独で行ったものではなかった。実は華人居留地「久米村」をはじめとした那覇の外来勢力に外交・貿易業務の実質的な活動を委託していたのである。明朝は琉球の朝貢活動支援のための人材を福建省から派遣しており、久米村に居留した彼らは後に「閩人《びんじん》三十六姓《せい》」*と呼ばれた（「閩」とは福建の別名）。朝貢のための大型帆船（ジャンク船）*を操舵する能力、漢文外交文書の作成や通訳など、朝貢貿易に必要な人材はほぼ全て久米村の華人であった。このほかにも明朝は琉球に対して大型船の無償提供、貿易回数や入貢路の自由化などさまざまな優遇措置を与えていた。

こうした優遇政策の理由として明朝が朝貢貿易以外の私的な海外貿易を一切禁止する海禁政策を採っていたことが挙げられる。公的貿易からあぶれた民間海商らが海賊（倭寇）化して治安を悪化させないよう、琉球を有力な交易国家に育てて、彼らの「受け皿」とする意図があったと考えられている。

いずれにせよ、琉球の天下を掌握するには港湾都市の那覇と、そこに住む外来勢

＊ **閩人三十六姓**　中国福建省から琉球の久米村に移住した華人の総称。「閩」は福建省を意味。「三十六姓」は実数ではなく「たくさんの姓」ほどの意味。近世、洪武帝の命で派遣されたとの伝承が定着する。

＊ **ジャンク船**　中国で建造された木造船の形式。船体を支える龍骨（キール）と、防水のため船内に設けられたいくつもの隔壁が特徴。

力を押さえることがカギであり、那覇の民間海商たちにしても琉球の公的貿易に参加することが、大きな利益を上げる道であった。当初の久米村は自治的な組織で三山の王と強固な支配関係を持たなかったものの、那覇を擁する中山ととくに結びつきを深め、両者は相互依存の関係を築いて活発に貿易を進めた。

二　尚巴志の登場と第一尚氏王朝の成立

佐敷按司・尚巴志の台頭　三山の抗争が激化するなか、台頭してきたのが山南の一按司に過ぎなかった尚巴志である。尚巴志は洪武五年（一三七二年）佐敷按司・思紹（苗代大親《なわしろうふや》）と美里子《みさとしー》*の娘の間に生まれた。

佐敷は沖縄島南部の知念半島に位置する。前面は与那原湾に面し、背後は三方を急峻な丘陵に囲まれた地であった。佐敷グスクは丘陵中腹の斜面を削り、四段の平場を造成した小規模な「土のグスク」であった。グスク周辺には下代原《しちゃだいばる》遺跡などの遺跡があり、鍛冶遺構も見つかっている。与那原湾に向けて下る斜面の地にグスクや集落が点在し、海岸近くの低地には田畑が広がる風景であったと想像される。

非凡な才能を持つ尚巴志は建文四年（一四〇二）すなわち三十一歳の頃（二十一歳

＊　美里子　佐敷間切の有力者。佐敷グスク北東部の丘陵部中腹に、美里子の住居跡と伝わる場所が「美里殿」として残る。

の時の一三九二年とも）、父の思紹より家督を譲られ佐敷按司となる。この時、思紹は尚巴志にこう言ったという（『球陽』）。

「昔、玉城王《たまぐすくおう》が徳を失い政治をおこたり、国が三つに分かれ鼎立《ていりつ》し、百年も戦いがやまず、民の塗炭《とたん》の苦しみは続いている。今の按司たちをみるに、それぞれ武力に拠《よ》るといえども皆、家を守る犬であり、ともに行動するに足りない。だが今の世にただお前一人が大事をなすことができる。私に代わって佐敷按司となり民を水火の中から救えば、我が願いは叶う」

尚巴志は父の申し出を受け入れ、按司になると兵馬を調練して来る戦いに備えた。小さな勢力にすぎなかった尚巴志が飛躍する大きなきっかけとなったのが、山南最強の按司であった大里按司の打倒である。佐敷近隣の大里は「島添（村々を支配する意）大里」と呼ばれ、『明実録』に登場する「山南王・承察度《しょうさつと》」は代々の大里按司を指していたと考えられる。建文四年（一四〇二）、尚巴志は機先を制して大里按司を急襲。尚巴志軍には勇猛な兵が多く、不意を突かれた大里按司軍は壊滅した。尚巴志は日本の戦国時代でいう桶狭間の戦いに匹敵する大勝利を得て、琉球にその名を轟かせた。

戦いの詳細は記録に残されていないが、近年行われた島添大里グスクの発掘調査では、正殿跡の十四世紀後半頃の地層から炭化層が見つかっており、尚巴志軍の焼き討ちに遭った可能性もある。

尚巴志が大里按司を打倒できたのは軍事的才能や人望といった彼の個人的な能力だけではなく、いくつかの背景があったようだ。十四世紀から十五世紀にかけて、佐敷をふくめた東海岸の中城湾地域では水稲二期作が開始され生産力が増大したとの指摘がある。その結果、中城湾地域は従来の水稲作＋麦作の複合農耕を行う浦添などの西海岸側より優位に立つことになったという。尚巴志もそうした状況下で経済力をつけてきたのかもしれない。

また先述のように十四世紀末には山南王子・承察度（山南王・温沙道*）の朝鮮亡命事件が起こっていた。承察度は「大里」の宛て字とみられる。『中山世鑑』でも尚巴志はまず山南王を倒したとあり、大里按司と山南王を同一視している。中山王も介入する内紛で山南王位を持つ大里按司の勢力は弱体化しており、尚巴志はその隙を突くことになったのではないか。

ただし大里按司＝承察度の打倒後、山南王には尚巴志ではなく豊見城《とみぐすく》按司の汪応祖が即位している。承察度は洪武二十七年（一三九六）を最

大里按司打倒後の南山勢力図

* 山南王・温沙道　「温沙道」の朝鮮語の読みは「オンサド」で「ウフサト（大里）」を表記したもので、洪武二十七年（一三九四）亡命の承察度と同一人物とみられる。

大里城の雲板　浄智寺

後に歴史上から消え、代わって永楽元年（一四〇三）に汪応祖が王弟として入貢、翌年山南王として封じられている。この期間に王が交替する何らかの画期があったことを示しており、これが承察度の亡命と、後継の大里按司を尚巴志が打倒した事件であった可能性がある。そして三山の実態が按司連合の形態であることから、大里按司滅亡後、残存する山南の按司連合の中から汪応祖が山南王に即位して山南を存続させたと考えれば矛盾がない。

いずれにせよ、島添大里を手にした思紹・尚巴志親子は佐敷グスクから島添大里グスクへと拠点を移し、沖縄島南部の東側の大部分を領有する一大勢力にのし上がった。なお十五世紀中頃には首里城の南に「旧宮」があり、国王は三百名の兵を連れて首里城との間を往来していたとあり（『朝鮮世祖実録』）、この「旧宮」は島添大里グスクとみられる。天順二年（一四五八）には尚泰久により「大里城の雲板《うんばん》」が鋳造されており、グスクは継続して使用されていたようである。

第一尚氏王朝の成立

尚巴志が次に狙いを定めたのは山南ではなく、沖縄島中部を領域とし三山のなかでも最強の勢力であった中山であった。中山は港湾都市の

＊極楽寺　浦添グスク北側にあったと伝わる琉球最古の寺院。英祖王代の咸淳年間（一二六五〜一二七四）に渡来僧の禅鑑によって創建され、補陀落山と号した。尚巴志王代に移設されるも、のち荒廃。

那覇とも近く、その土地も肥沃で山北・山南と比べて圧倒的な優位を保っていた。浦添グスクは当時、琉球最大規模のグスクで、城下には寺院（極楽寺）や王墓（浦添ようどれ）*、人工池*（魚小堀《いゆぐむい》）、家臣団の屋敷がならび琉球における都の威容を誇っていた。中山王・武寧は察度の子で永楽二年（一四〇四）に琉球で初めて明朝から冊封されており、その権威は大きくなっていた。

しかし永楽四年（一四〇六）、浦添グスクに軍勢を進めた尚巴志軍によって武寧は降伏、呆気なく滅びてしまう。尚巴志は父の思紹を新たな中山王に就けた。ここに第一尚氏王朝に成立する。後世の歴史書によると、武寧は徳を失ったため中山の按司たちから見離されて誰も救援に来なかったとされている。しかし実際には中山の按司たちが全員、最初から帰服したわけではなく、新興勢力である尚巴志が旧来秩序を武力で破壊したことに少なからず反感を持ったようだ。

永楽九年（一四〇九）、中山王となった思紹が朝鮮王朝に使者を派遣するが、そのなかで「武寧が死んだ後、各按司が争いを起こし連年遠征をしていたため、使者を派遣するのが遅れた」と述べており（『朝鮮太宗実録』）、武寧滅亡後の中山は内乱状態となり、思紹・尚巴志が敵対勢力を鎮圧して中山を完全に掌握するまでには数年を要していたのである。

また注目されるのは、思紹が中山王に即位後の永楽九年（一四一一）、明朝に対し久米村華人《かじん》で「長史」*職の王茂*を「国相（王相）」に昇格するよう推薦したことであ

＊**浦添ようどれ**　英祖王統と尚寧一族の墓陵。浦添グスク北方の崖下の洞窟を利用し墓室としている。

＊**人工池（魚小堀）**　浦添グスク南方に広がっていたとみられる池（現在は無い）。逆コの字状の形をしており、後に首里の龍潭や蓮小堀の原型になったともいわれる。

＊**長史**　中国明朝の皇族家政機関「王府」の役職。王府制度を模倣した琉球では久米村の役職となる。

＊**王茂**　久米村の華人。一四〇三年、中山王・察度、南山王・汪応祖の共同名義の使者として渡明。第一尚氏王朝成立後の一四一一年に国相（王相）となり、中山王の思紹を補佐。

る。「王相」や「長史」は久米村の上位者が就く職で、中山王を補佐する役割を果たしており、中山王を介して明朝から授与されていた。察度・武寧時代の王相は亜《あ》蘭匏《らんぽう》*であったが、彼は初期の朝貢使者として活躍し、洪武二十七（一三九四）には明朝より王相職を授与され、察度・武寧政権を支えていた。亜蘭匏から王茂への王相職交代は、武寧から思紹への中山王交代劇と連動していたことがうかがえる。あるいは武寧と尚巴志との戦いの背後には両陣営に与する久米村内のグループがあり、朝貢貿易の利権をめぐる争いもあったかもしれない。

　まもなく思紹・尚巴志は中山の拠点を浦添から首里に移し、首里城とその周辺の整備を進めた。首里城は「京の内」*と呼ばれる区画を中心に十四世紀前半頃にはグスクとして機能していたようで、「京の内」からは高麗系灰色瓦*や礎石の一部も出土している。伝承では察度王代に「高世層理殿《たかよそうりでん》」*という高楼が建てられたという。首里城外の南方には察度王の子・崎山里主の屋敷もあったと伝えられ、実際に屋敷跡からは十四世紀頃の大和系灰色瓦も多数出土している。近世史書では古来より首里城が王城であったとするが、おそらく浦添グスクが中心で、首里城は支城的役割を果たしていたのではないか。第一尚氏王朝が首里城・大里グスクを拠点としていたように、察度政権が二つのグスクを拠点としていたとしてもおかしくはない。

　遷都の要因として、守旧勢力の残滓である浦添を避けて新天地に政権を築いたことと、港湾都市として発展していくアクセスが容易であったことが考えられ

＊亜蘭匏　久米村の華人。中山王・察度の使者として初期の朝貢活動を担う。一三九四年、初めて琉球国の王相（国相）に就任した。

＊京の内　首里城の郭。城内にある御嶽の半数近くがあったとみられ、聖域の区画となっている。名称は「けお（気。霊力）のうち」に由来。城内で最も古い区画で、王城整備以前のグスクの範囲と考えられる。

＊高麗系灰色瓦　十三〜十五世紀頃、琉球で使用された朝鮮半島の技術で製作された瓦。浦添グスクや首里城などから多数出土する。表面に「癸酉年高麗瓦匠造」や「大天」の銘があるのが特徴。

る。尚巴志は十五世紀初めに那覇港の本格的な整備を進め、那覇は「王国の外港」としての機能を整えていった。あわせて第一尚氏王朝は前代にも増して那覇の久米村と結びつきを強めており、久米村が編成していた「王府」組織をモデルに、自らの政権も「琉球（首里）王府」を自称していく。

山北王・攀安知との激戦と三山統一

永楽十四年（一四一六）、尚巴志はついに山北への侵攻を開始する（一説には一四二二年とも）。山北王・攀安知は「武芸絶倫《ぶげいぜつりん》」「淫逆無道《いんぎゃくむどう》」また「勇力《ゆうりき》ノ剛者」と評された勇猛な王で、日に日に勢いを増す中山に対して乾坤一擲《けんこんいってき》の首里侵攻を企図していた。これを山北から離反した羽地按司が中山に急報、尚巴志は急ぎ兵を動員する。注目すべきはこの戦いが実質的には《中山＋山北の按司連合》対《今帰仁按司（攀安知）》という構図であったことだ。《中山》対《山北》の戦争ではなく山北の按司連合が瓦解し、そこに中山が介入するかたちで行われた戦いと捉えたほうがより実態に則しているのではないか。

近世史書は今帰仁グスクの戦いを次のように伝えている。浦添按司、越来《ごえく》按司、読谷山《よみたんざん》按司（護佐丸）を大将に約三千の兵が山北へと軍勢を進めた（『中山世鑑』）。また『球陽』*には尚巴志が自ら出陣したとある。山北を離反した名護按司、国頭《くにがみ》按司、羽地按司らの兵が名護で合流、ここから越来・読谷山按司の兵八百が名護按司の先導で陸路から今帰仁グスク搦手《からめて》の志慶真門*へ、浦添・国頭・羽地按司らの兵二千七百は羽地《はねじ》の寒天那《かんてな》港より軍船二十隻で進み、正門側へ兵を集結させ、今帰仁グス

＊高世層理殿　首里城京の内にあったという伝説の高楼。伝承では察度王が建立したとされ、高さ数十丈であったという。一五七六年、天界寺の火災で延焼し越来親方朝首が消し止めたとの記録があるが、実在は未確認。

＊『球陽』　琉球王府の正史。一七四五年、鄭秉哲らの編集で、以降書き継がれていった。王代ごとに編年体で開闢神話から十九世紀までの政治・経済・文化のあらゆる記事が記載。

＊志慶真門　今帰仁グスクの東側にある志慶真門郭にある門。門外には志慶真ムラが広がっていた。

クへの攻撃を開始した。

迎え撃つ攀安知の手勢は三百ほどに過ぎなかったが、「百曲り《ももまが》」と謡われた、幾《いく》重《え》にも石垣をはりめぐらせた今帰仁グスクは難攻不落であった。山北の兵は城壁から矢の雨を降らして応戦。三日間の激戦で山北軍は二百名の戦死者を出したものの中山軍の戦死者は五百名にもおよび、グスクは落ちなかった。志慶真門から攻撃する中山軍も苦戦を強いられていたが、内情を知る羽地按司よりグスク西南側は守りが手薄であることを聞く。そこで西南側より二十名の精兵を侵入させ、隙に乗じて城内に火をかける作戦に出た。『球陽』によると尚巴志は夜中に密偵を城内へ侵入させ、攀安知の臣下であった本部平原を金品で買収し寝返らせることに成功する。

翌日、本部は攀安知に対し城外へ撃って出ることを進言し、これに応じた攀安知は自ら兵を率いて中山軍を攻撃した。その間、中山の別働隊が城内への侵入に成功し、方々に火を放った。城中に火の手が上がるのを見た攀安知は驚き、急ぎ引き返すが時すでに遅く、怒り心頭の攀安知は裏切った本部平原と刃を交えて討ち取った。

もはやこれまでと悟った攀安知は「今一度、最後ノ会戦《かいせん》シテ、心ヨク自害セン」(『中山世鑑』)と、配下の十七騎で中山の大軍に突撃した。この時の攀安知の出で立ちは龍頭《たつがしら》の兜に緋縅《ひおどし》の鎧と赤地の錦の直垂《ひたたれ》*、小長刀を脇にかかえ、腰には名刀・千代金丸*を帯びていたという。しかし多勢に無勢、十騎が討たれ、残る七騎の兵も負傷。攀安知は城内へと退却し、グスクの守護神である御嶽「カナヒャブ*」の霊石の前に

---

* 直垂　鎌倉時代頃より武士たちに広く着用された衣装。室町時代には礼装に準じた。鎧の下に着る装束としても使用された(鎧直垂)。

* 千代金丸　山北王の攀安知が所持したと伝わる日本刀。攀安知滅亡後に尚家の手にわたった。現在、国宝。刀身は室町時代の日本製、外装は琉球製で、片手持ちで鞘全体に金板を張る独特の形式。

* カナヒャブ　今帰仁グスクの御内原の郭にあった御嶽(城内上之御獄)。金比屋武とも書く。琉球神話で創世神アマミキヨが最初に創った七つの御嶽の一つ。

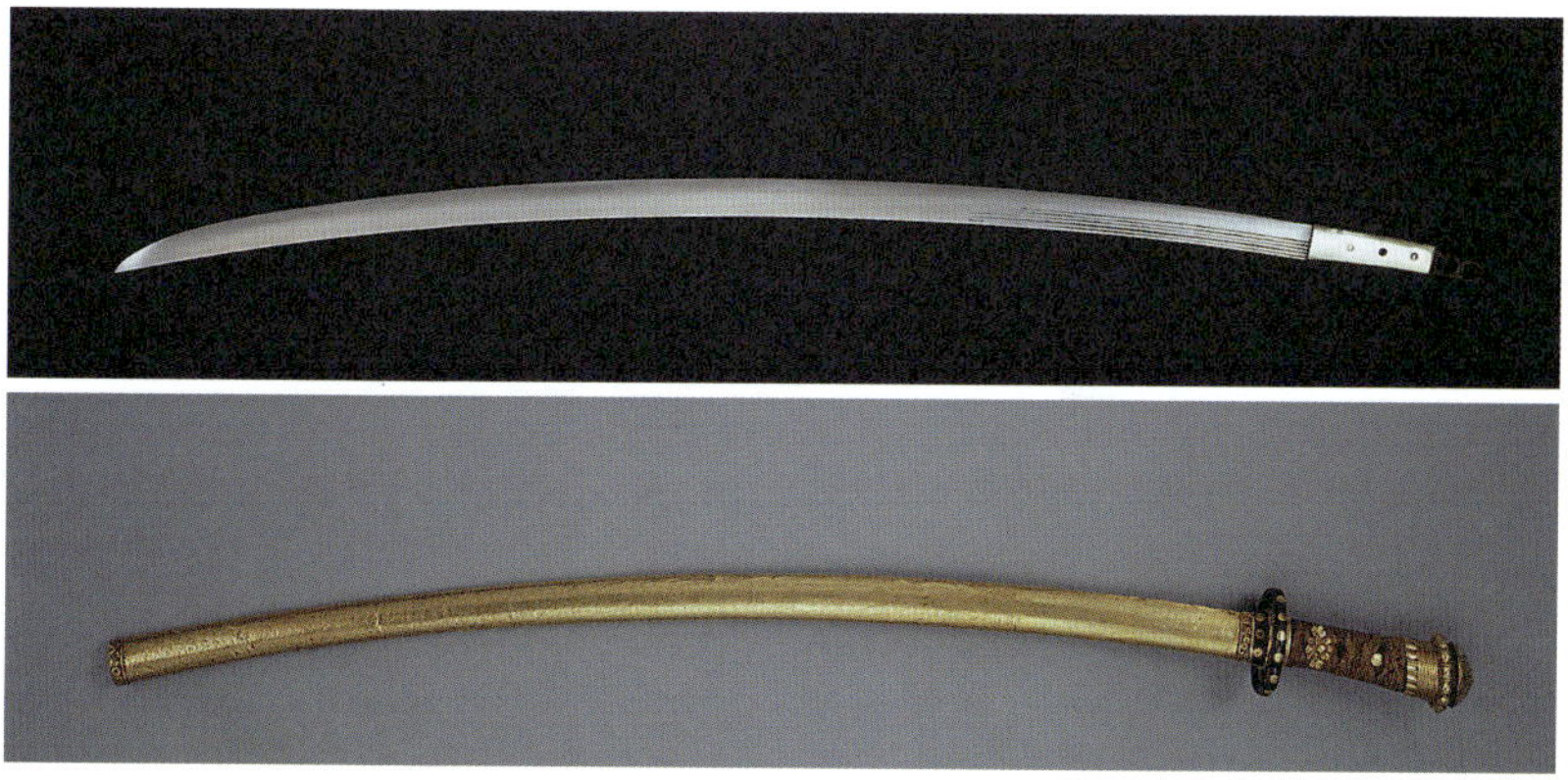

千代金丸　那覇市歴史博物館所蔵

行くと、千代金丸で霊石を斬り、自害して果てた。千代金丸は崖下の志慶真川に捨てられたが、後に拾われて琉球王家の宝刀となった（現在、那覇市歴史博物館所蔵）。

山北は滅亡し、三山の一角が崩れて天下の形勢は中山に大きく傾くことになる。今帰仁グスク陥落後の永楽二十年（一四二二）、尚巴志の子の尚忠が*「山北監守」として今帰仁グスクに駐留することになった。山北の地は険阻、人は驍健《ぎょうけん》であるため、ふたたび変乱が起こることを恐れたのが理由だという。以降、今帰仁グスクの山北監守が沖縄島北部一帯を統治する制度が十七世紀後半まで敷かれることになった。

永楽十九年（一四二一）、中山王の思紹がこの世を去り、尚巴志が王位を継いだ。これに前後して、尚巴志は王都である首里城周辺の整備に着手した。おそらく前年の山北との攻

＊尚忠　第一尚氏第二代の王。尚巴志の次男。一四一六年の北山王の打倒後、山北監守として今帰仁グスクに一時駐留した。

防が落着したためであろう、永楽十五年（一四一七）、王相・懐機《かいき》に命じて中国で造園法などを視察させ、首里城北側に人工池の龍潭と安国山が築かせ、宣徳二年（一四二七）に完成した。周辺には松や各国から取り寄せた花木を植え、遊息の地とした（「安国山樹華木碑記」）。また宣徳三年（一四二八）に首里城から那覇方面に伸びる綾門大道には板葺《いたぶ》きの牌坊《ぱいぼう》、中山門も創建された。

尚巴志は仏教にも帰依し、首里・那覇を中心に報恩寺をはじめとした「十刹」と呼ばれる官寺も建立した。先述の「安国山樹華木碑記」で注目すべきは、起草者が「安陽澹菴猊」とあることだ。高僧に対する尊称「猊《げい》」であることから「安陽澹菴《あんようたんあん》」は僧侶とみられる。十五世紀中頃以降の石碑や梵鐘《ぼんしょう》の漢文は禅僧が作成していたことは知られているが、この段階ですでに「十刹」などの寺院が関与していたとみられる。

十五世紀前半には英祖王陵だった浦添ようどれの改修にも着手しており、浦添グスク崖下の洞窟内にあった高麗瓦葺き建物の墓室を撤去して、中国産輝緑岩《きりょくがん》＊の石棺墓を設置、遺骨を移した。石棺には阿弥陀如来や地蔵菩薩を彫刻し、沖縄最古の仏教彫刻である。わざわざ他の血統である英祖王族の墓を整備した理由は、尚巴志一族が琉球世界の新たな「世の主（王）」となったことを国内に示したかったからではないか。古琉球には血統に関係なく舜天を初めに代々の「世の主」が琉球を治めていくという王権観念があった。実際、十六世紀末の尚寧王（第二尚氏第七代）は「そ

＊ **輝緑岩**　俗に「青石」とも呼ばれる。十五～十六世紀、琉球では中国福建省から輸入され、石棺や石獅子、欄干など石造彫刻に利用された。

んとん（舜天《しゅんてん》）*より二十四代の王」を自称し、王統を区別していない（「浦添城の前の碑」）。

そして宣徳四年（一四二九）、尚巴志はついに山南に兵を進める。山南は沖縄島南部の下島尻を中心に南山グスクの他魯毎《たるまい》の下でつづいていた。『球陽』によると、他魯毎は「奢侈日に加わり、常に忠諫《ちゅうかん》を拒み、宴遊これ好みて政事《まつりごと》に務めず」とあり、配下の按司は離反し、中山へと帰服していったという。これに怒った他魯毎は中山を討つべく軍勢を動員。尚巴志はこれを好機として自ら兵を率いて山南へと向かった。他魯毎は軍勢を率いて中山軍を迎え撃つが大敗を喫し、退却したところ城内の家臣より門を閉ざされ、進退きわまり降伏したという。あっけなく決したかに見える戦いだが、尚巴志の弟・平田大比屋が矢に当たり戦死したと伝えられており（『佐銘川大ぬし由来記』）、南山側も相応の抵抗を示したようである。

南山グスク

山南の滅亡については嘉手志川《かでしがー》をめぐる伝承もある。嘉手志川は南山グスク下にある水

＊舜天　一一六六〜一二三七年。琉球最初の王統を開いた王。神号は尊敦。源為朝の子との伝承もある。近世史書によると、天孫氏を滅ぼした利勇を討ち、浦添按司から王に即位したという。

天山陵（スケッチ）　伊東忠太、日本建築学会所蔵

量豊富な湧泉で、近隣の田畑を潤していた。他魯毎は尚巴志の持つ金屏風を欲しがり、尚巴志は嘉手志川との交換を申し出た。喜んだ他魯毎はこれを承諾。すると尚巴志は山南の領民に中山への帰服者以外の泉の使用を禁じてしまう。中山への投降者は続出し、人心は他魯毎を離れ、ついに滅ぼされたという。この伝承は勝者の側からの視点で他魯毎を愚者として強調しており、全面的に信じるわけにはいかない。ただし先述のように、他魯毎は先代の汪応祖がクーデーターで殺害後、山南の按司連合によって推戴され王位に就いた経緯があり、権力基盤が脆弱だったことが按司たちの離反を招いた理由ではないだろうか。

こうして山南は平定され、戦乱の沖縄島が統一された。尚巴志は「沖縄の天《てん》が下《した》」を治める覇者となり、中山王は琉球国王と同義となった。

正統四年（一四三九）、尚巴志は病状が悪化し、六十七歳でこの世を去った。同年王相の懐機が中国江西省にある竜虎山《りゅうこざん》*の天師大人《てんしだいじん》（張九陽）*に送った書簡（『歴代宝案』*）

*竜虎山　中国江西省の広信府貴渓県にあった天師道の本拠地。

*張九陽　天師道第四十五代の天師。

*『歴代宝案』　琉球の漢文外交文書集。久米村に旧蔵されていた対中国・朝鮮・東南アジア関係の外交文書を一六九七年に編纂。

によると「挙国の臣民、天に号泣」してその死を悼《いた》んだといい、亡骸《なきがら》は都城の外の天齎山《てんせいざん》に葬られた。懐機は正統元年（一四三六）、尚巴志とともに天師大人に対し誥録《こうろく》（道教の法録や護符）を求めており、両者は道教*（天師道）への帰依を深めていた。晩年の体調が悪化する尚巴志の回復を願ってのことだったようだ。なお懐機は死後の尚巴志が「天に度生《どしょう》（天上世界に上り救済される）」されるよう、天師大人に依頼している。「天齎山」とは首里城外にあった第一尚氏王族の墓陵「天山陵」を指していると考えられる。

三　第一尚氏王朝の動揺

志魯・布里の乱　沖縄島を統一した第一尚氏王朝だが、尚巴志の死後十数年もすると王朝の権力基盤は揺らぎ始める。

尚巴志の死後、王となった子の尚忠は正統九年（一四四四）に死去、翌年跡を継いだ尚思達*も四年後の正統十四年（一四四九）に死去と早逝《そうせい》の王がつづく。子のいない尚思達の跡を尚巴志の五男・尚金福《しょうきんぷく》*が継いだ。尚金福の代に琉球王国は領域をさらに拡大、九州の南方にあるトカラ列島の臥蛇島《がじゃじま》までその範囲を広げていた。

＊道教　中国の三大宗教の一つ。十五世紀当時、天師道は道教界において全真教とともに勢力を二分する大勢力であった。

＊尚思達　一四〇八〜四九年。第一尚氏王朝第四代の王。神号は君日。一四四七年冊封。尚忠の長男。

＊尚金福　一三九八〜一四五三年。第一尚氏王朝第五代の王。神号は君志。尚巴志の六男。一四五二年冊封。

長虹堤　那覇市歴史博物館提供

景泰三年（一四五二）には懐機の手によって沖縄本島と那覇の浮島を連結する人工海中道路（長虹堤）*も築かれた。懐機の活動はこれ以降、歴史上の記録から姿を消すが、おそらくこの頃に死去したのではないだろうか。そして尚金福も翌年の景泰四年（一四五三）、在位わずか四年で世を去ると、尚金福の息子・志魯《しろ》と、尚金福の弟・布里《ふり》がそれぞれ王位継承を主張して譲らず、ついに争乱となった。「志魯・布里の乱」である。

布里は王府軍を率いて奄美諸島の喜界島へ遠征を行うなど、琉球の軍事行動の先頭に立っていた。布里はこうした力を背景に王位に就こうとしたとみられる。両陣営の戦いは激しさを増し、首里城正殿も焼失、明朝より下賜された中山王印も熔解してしまう。乱の当事者である志魯と布里は双方討ち死にし、思わぬかたちで王位に就くことになったのが越来グスクの按司、尚泰久《たいきゅう》だった。彼は尚巴志の七男で尚金福、布里の弟にあたる。尚泰久は明へ使者を派遣して、乱の戦火で溶けた王印をふたたび求

＊**長虹堤**　一四五二年、冊封使来琉に備え、尚金福王が国相の懐機に命じて建造した那覇の浮島と沖縄島を結ぶ人工の海中道路。

＊**天界寺**　琉球三大寺の一つ。首里の綾門大道沿いにあり、臨済宗で妙高山と号す。景泰年間（一四五〇〜一四五六年）、尚泰久王により建立され、初代の住持は渓隠安潜。円覚寺ができるまで琉球第一の巨刹だった。

め、景泰六年（一四五五）、明朝から琉球国王として冊封された。

尚泰久もまた仏教に深く帰依し、首里・那覇に多くの寺院を建立している。景泰年間（一四五〇～五六年）には首里城外に天界寺＊を創建、開山住持を相国寺の渓隠安潜《けいいんあんせん》＊とした。天界寺住持は十五世紀中頃から周防の大名・大内氏との外交を仲介する琉球の窓口的役割を果たしていた。住持は大内政弘が幼年時代に山口に滞在し旧知の仲であったからだ。この住持は渓隠の可能性がある。また京都南禅寺の流れをくむ芥隠承琥《かいいんじょうこ》＊を那覇広厳寺《こうがんじ》住持に招くなど琉球に渡来した日本の禅僧を重用した。彼ら禅僧は対日外交の場で活躍し、「琉球国の使者」として室町幕府や諸大名と交渉した。

万国津梁の鐘（レプリカ）

景泰六年（一四五五）には朝鮮王朝へ「大蔵尊経《だいぞうそんきょう》」＊を求請し、天順元年（一四五七）に琉球へもたらされた（『朝鮮世祖実録』）。これと軌を一にして尚泰久は多数の梵鐘《ぼんしょう》を鋳造、首里・那覇の寺院へ寄進しており、首里城や大里グスク、越来グスクなど自身にゆかりのグスクにも梵鐘や雲板を設置している。とくに天順二年（一四五八）に鋳造された首里城正殿鐘は「万国

＊**渓隠安潜**　禅僧。出身地は不明。相国寺住持二世で尚泰久王代に数々の梵鐘の銘文を起草。「万国津梁の鐘」銘文も彼の手による。景泰年間（一四五〇～一四五六年）、天界寺の初代住持となる。

＊**芥隠承琥**　?～一四九五年。禅僧。京都南禅寺語心院の始祖・古林清茂の五世法孫。一四五〇年代に薩摩から渡琉、尚泰久王の求めで那覇の広厳寺住持に。一四九四年に円覚寺の初代住持となる。

＊**大蔵尊経**　大蔵経。仏教経典の集大成。ここでは高麗時代の一二五一年、高宗によって作られた高麗版大蔵経。

津梁《しんりょう》の鐘」*として知られ、撰文は渓隠安潜による。琉球が他国と親密な関係を築き、船によって「万国津梁（世界の架け橋）」となり交易で繁栄していること、尚泰久が仏教に帰依して平和な世の中になったことが記されている。

護佐丸・阿摩和利の乱

仏教を厚く保護し国内の安定化を目指した尚泰久だが、王朝を揺るがす大事件が再び勃発する。「護佐丸《ごさまる》・阿麻和利《あまわり》の乱」である。

護佐丸は思紹・尚巴志時代から仕えた重臣で山北の今帰仁グスク攻略にも功績のある歴戦の名将であった。一四四〇年代より座喜味《ざきみ》グスクから中城グスクへ移り、中城按司として第一尚氏王朝を支えていた。その護佐丸が中城へ拠点を移したのはある理由があったとみられる。勝連《かつれん》半島の阿麻和利を牽制するためである。

阿麻（摩）和利は北谷間切《ちゃたんまぎり》（現嘉手納町）屋良の農民から身を興し、勝連グスクの茂知附《もちづき》按司を倒して新たな勝連按司となり、急速に力を付けてきた人物であった。首里王府は勝連と首里の間にある中城グスクを増築・強化し、護佐丸を配置して阿麻和利の動きを封じようとしたとみられる。さらに尚泰久は融和策として娘の百度《ももと》踏揚《ふみあがり》*を阿麻和利へと嫁がせている。尚泰久の妻（王妃）は護佐丸の娘であり、百度踏揚は護佐丸の孫にあたる。三者はそれぞれ親戚関係となっていた。

阿麻和利の本拠・勝連は、後に琉球王府が編纂した歌謡集『おもろさうし』のなかで「勝連わ、何《なお》にぎやたとゑる、大和の鎌倉にたとゑる」と謡われ、大和（日本）の鎌倉に並び例えられるほどの繁栄を誇っていた。勝連グスクの眼下には中城湾が

＊ **万国津梁の鐘**　旧首里城正殿鐘。一四五八年鋳造。首里城正殿前に掛けられた。沖縄県立博物館・美術館蔵。

＊ **百度踏揚**　尚泰久王の娘。台頭する阿麻和利と政略結婚。一四五八年に従者の大城賢雄と勝連グスクを脱出。阿麻和利の死後、賢雄と再婚するも一四六九年の第一尚氏滅亡で死別。玉城へ隠居と伝わる。

広がっており、那覇港には及ばないものの沖縄でも数少ない、大型船が停泊可能な港であった。この港湾から得られる海外貿易の富が勝連、また阿麻和利台頭の大きな要因になったと考えられる。

また永楽十六年（一四一八）には朝鮮へ「琉球国中山王二男、賀通連《かつれん》寓鎮《ぐうちん》」が使者を派遣し、東南アジア産の蘇木《そぼく》、中国産の絹織物や陶磁器などを献上している（『朝鮮世宗実録』『海東諸国紀』）。「賀通連」が勝連按司だとすれば、勝連が単独で貿易船を派遣し、外交を行う能力を持っていたことになる。これを傍証するように、勝連グスクの発掘調査では、十四～十五世紀前半頃の中国龍泉窯《りゅうせんよう》*の青磁が多数出土し、とくに元代の青花は国内最多の量であるという。鉄製の矢じりも浦添、今帰仁グスクに次ぐ量が出土しており、また勝連グスクは王以外のグスクで唯一、瓦《かわら》葺《ぶき》建物（大和系灰色瓦が主体）を備えた異例のグスクでもある。阿麻和利が他の按司を圧倒し、三山の王に匹敵するほどの勢力だった

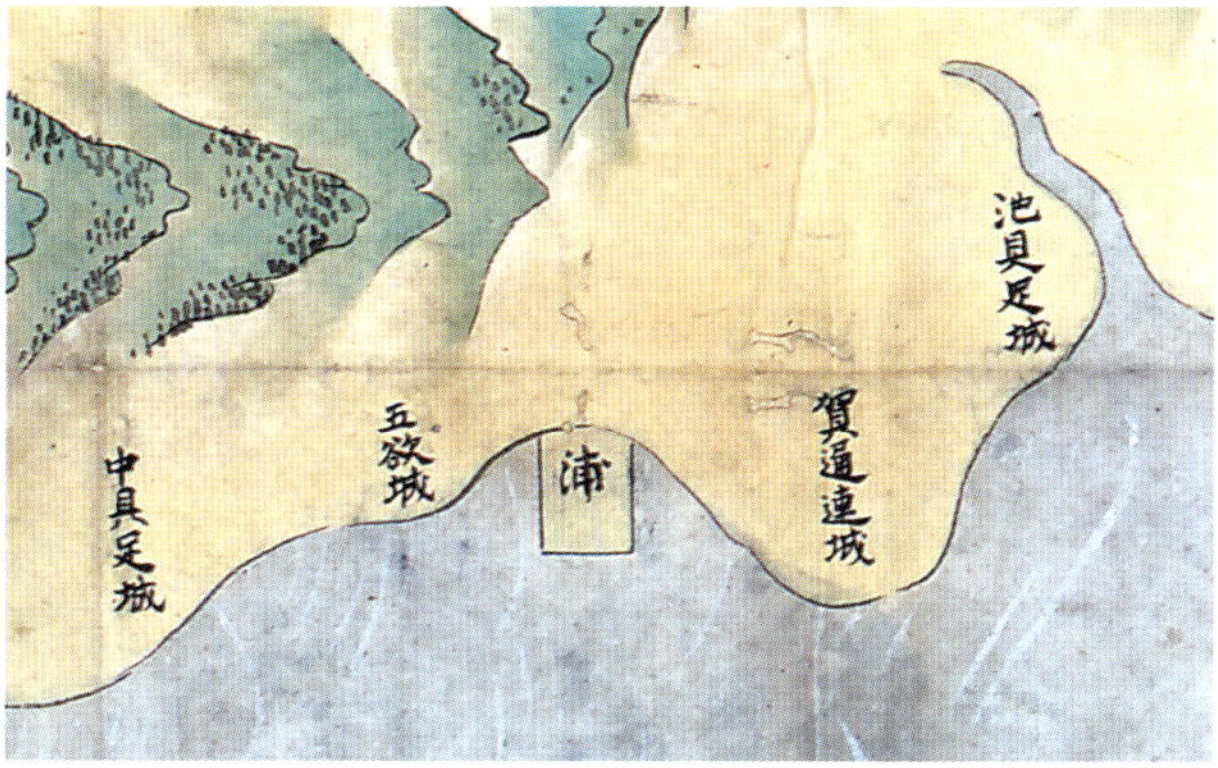

琉球国図（中城湾付近）　沖縄県立博物館・美術館所蔵

* **龍泉窯**　中国浙江省龍泉県を中心とした窯の総称。青磁の一大生産地。宋代に隆盛を迎え、アジア各地に輸出された。

ことが考古資料からも裏付けられる。

第一尚氏王朝は沖縄島を統一したものの、各地に割拠する按司たちは従来の軍事力を保持しつづけ、中山王は三山時代の「按司連合の盟主」という性格をなお残したままであった。阿麻和利はそうした勢力均衡のなかで力を付け、天下をうかがうまでになったのである。

「護佐丸・阿麻和利の乱」についての同時代史料は残っていないが、近世史料（『球陽』や『異本毛氏由来記』、『夏姓大宗由来記』など）からうかがうことができる。

天順二年（一四五八）、阿麻和利はついに天下取りに向けて動いた。彼は勝連から密かに小舟で与那原港に上陸、首里城へと向かい尚泰久に謁見する。そして護佐丸に謀反の企みがあることを讒言《ざんげん》した。忠臣の謀反をにわかに信じられない尚泰久だったが、阿麻和利の強い勧めでその真偽を確かめるべく中城へ密偵を派遣する。この時、中城グスクでは護佐丸が兵馬の訓練を行っていた。密偵から報告を受けた尚泰久はこれを謀反と断じ、阿麻和利を大将とする王府軍を中城グスクへ派遣した。皮肉なことだが護佐丸が訓練をしていたのは阿麻和利に対する備えだったようだ。

秋の夜半、王府軍は中城グスクへの総攻撃を開始する。護佐丸は観月《かんげつ》の最中だったようで（『夏姓大宗由来記』）、不意を突かれ驚くが一切の抵抗を示すことなく妻と二人の息子とともに自害したという。だが護佐丸の子孫が著した『異本毛氏《もうし》由来《ゆらい》記《き》*』によると、護佐丸は安易な自害はかえって不忠であり、阿麻和利を捕えて国家

＊『異本毛氏由来記』　一八〇〇年頃、護佐丸の子孫（毛氏）によって編集されたと伝わる由来記。護佐丸の最期について『球陽』とは異なる記述もある。

の災いを除くことが先と、一族郎党とともに応戦したが敗れグスク東崖下で自害したとある。ただ一人、幼い三男の盛親《せいしん》＊は乳母とともに脱出し、島尻大里間切の国吉（現糸満市）へと身を隠した。

この乱については単なる王位簒奪を目的としたものだけではなく、中城湾の貿易利権をめぐる争いが背景としてあったとの指摘もある。『おもろさうし』には勝連、中城湾と奄美大島・喜界島方面との通交を謡ったオモロがあり、両地域に通交圏が存在していたようである。そのなかで阿麻和利と護佐丸は中城湾の貿易利権で対立する位置にあったことは確かであろう。

百度踏揚の墓　南城市

いずれにせよ、阿麻和利は天下取り最大の障害だった護佐丸の排除に成功する。首里城に凱旋して尚泰久より恩賞を賜り、王の信頼を勝ち取った。いよいよ首里の王を討つ最終段階に入ったが、阿麻和利の野望は思わぬかたちで王府の知るところとなってしまう。首里攻撃の準備にかかる阿麻和

＊ **盛親**　護佐丸の三男。一四五八年、阿麻和利の中城グスク攻略時に乳母に抱かれ脱出し、沖縄島南部の国吉に身を隠す。第二尚氏王朝で王府に登用され、子孫は「毛氏」として三司官を輩出する名家となった。

利の様子に気づいたのは、百度踏揚の従者で「鬼大城」と呼ばれた大城賢雄《うふぐすくけんゆう》＊であった。彼の童名は松金といい、「忠義剛直にして武勇無比、骨格人と異なり、勢い狼虎《ころう》のごとし」(『球陽』)であったという。彼はこの計画を首里の尚泰久王に伝えるため、百度踏揚とともに深夜に勝連グスクを脱出。賢雄は百度踏揚を背負い首里へつづく道をひた走った。程なく気づいた阿麻和利はただちに追手を差し向けるが、あと一歩のところで取り逃がしてしまう。

『球陽』などではこの時、勝連の兵に追いつかれた賢雄がオモロ(神歌)を唱え、天に仰ぎ地に伏して祈ると突如豪雨となり、追手の松明が消えたため、闇に乗じて追手を振り切ることができたと記す(その場所は現在、沖縄市安里に雨城之嶽として残る)。賢雄と百度踏揚は首里城の美福門に到着したが、尚泰久は深夜に男女が訪ね来たことを不貞とし、逆心の者による偽計と疑って門を開かない。悲観した百度踏揚は美福門外の押明森で首を吊ろうとするのを賢雄が止め、ふたたびオモロを唱えると押明森の南方に「奇異なる大光」が出現したため、尚泰久は門を開けたという(『夏姓大宗由来記』)。多分に伝承を含む逸話だが、古琉球当時の「神がかり」的世界の雰囲気を伝えるものといえよう。

事の次第を聞いた尚泰久は護佐丸を殺したことを大いに後悔し、かつ阿麻和利の裏切りに怒り、直ちに各地の按司に動員令を出し、大城賢雄を総大将として迎え撃つ準備を整えた。いっぽう、計画が発覚したことを悟った阿麻和利は、急ぎ首里に

＊ **大城賢雄**　?〜一四六九年? 通称「鬼大城」。具志川間切・喜屋武按司の長男と伝わる。童名は松金。弟に賢休・賢膺がいる。父の早世後、没落して美里間切の知花村大城に居住したが、やがて兄弟とともに越来王子の尚泰久に仕えた。

攻め込んだ。歴史書によると首里城で激しい戦闘が繰り広げられたようだ。乱後の天順三年（一四五九）、尚泰久は明朝に「本国の王府（首里城）失火し、倉庫の銅銭・貨物を延焼す」と報告しており（『明実録』）、この失火は阿麻和利との戦いで焼けた可能性もある。実際に首里城内の京の内地区の発掘調査では十五世紀頃の多数の陶磁器と火災の痕跡が見つかっており、焼失した倉庫だった可能性が指摘されている。いっぽう、『異本毛氏由来記』には賢雄ら首里王府軍は城外の弁ヶ嶽《べんがたけ》*に陣取り、この付近で阿麻和利軍との戦いが行われたとある。いずれにせよ、阿麻和利軍は万全の態勢で迎え撃つ首里の大軍に圧倒されて敗走、勝連へと退却した。

勢いに乗る王府軍は大城賢雄を大将、弟の大城賢休・平良賢膺を副将として追撃の兵を勝連へと進める。賢雄は尚泰久より五爪龍の貫紋金入緞子《ぬきもんかねいりどんす》衣裳と名刀・景光《かげみつ》*（大小）を下賜されての出陣であった。態勢を立て直した阿麻和利軍は、勝連グスク付近の御段《うだん》と呼ばれる野原で王府軍に決戦を挑むも、賢雄の活躍に押され勝連グスクに退却・籠城した（『異本毛氏由来記』）。

勝連グスクは堅固な守りで、度重なる王府軍の攻撃にも耐え、さらには機を見て阿麻和利軍は城外へ出て戦い、王府軍を混乱させる。だが賢雄に部将の屋慶名赤《やけなあか》が討ち取られると勝連勢は退却し、城門を固く閉ざして出てくることはなかった。

攻めあぐねた賢雄は一計を案じ、自ら女装して東の郭の城壁からに潜入、城壁の上に立つ阿麻和利を斬った（『球陽』など）。阿麻和利の死を知った配下の将兵は戦意

---

* **弁ヶ嶽**　首里城東側に位置する丘陵。ビンヌウタキという御嶽があり、国王の祈願所となっていた。一五一九年、石門が建立、一五四三年に首里城方面からの石畳道が整備された。

* **景光**　刀工の名。備前長船派と加賀の景光がとくに知られている。

を失い降伏、抵抗した者も討ち取られ、勝連グスクはついに陥落した。この時の戦いでは賢雄の弟、賢休・賢膺も戦死しており、勝連側の最期の抵抗も激しかったようだ。なお阿麻和利を斬ったとされる景光は子孫の摩文仁家《まぶにけ》に伝世し、賢雄の愛刀・兼光とともに戦前まで残っていた。

こうして琉球戦国最後の英雄・阿麻和利の夢は潰《つい》えた。阿麻和利討伐に功績のあった賢雄は尚泰久の旧領・越来間切の領有を認められ、阿麻和利の所有していた錦緞衣装*と勝連グスク城門の楼閣を与えられた。未亡人となった百度踏揚は賢雄の妻となった。

この争乱によって首里の王に対抗しうる勢力は一掃され、結果として王権の強化をもたらした。阿麻和利は後世の歴史書において逆臣として書かれているが、これは勝者の立場による一方的な判断であろう。『おもろさうし』には「勝連の阿麻和利、十百歳《とひゃくさ》ちよわれ（勝連の阿麻和利は、千年も勝連を統治してください）」と阿麻和利を慕い称えるオモロもあり、阿麻和利の同時代の評価を垣間見ることができる。

四　第二尚氏王朝の成立

＊錦緞衣裳　錦と緞子の衣装。

世高王・尚徳と喜界島遠征

天順四年（一四六〇）の尚泰久死後、王となったのが子の尚徳である。尚徳は即位時の年齢は二十一、神号を「世高王《せだかおう》（世に名高き王）」と称した若き青年王である。「聡明勇猛にして才力、人に過ぐ」（『球陽』）と評されたように、才能あふれ智謀あるがゆえに諫言を聞き入れず、「放辟邪侈《ほうへきじゃし》にして、ほぼ忌憚無し（勝手気ままでわがまま、ほとんど遠慮がない）」という性格で、「我に順う者は賞し、我に逆う者は罰す」との姿勢で臣下に臨んだ。そのため臣下は恐れて王に意見する者はなかったという。

阿麻和利の死後、沖縄島において首里の王に対抗できる按司はいなくなっていたが、尚徳はさらなる王権強化のため周辺諸島への遠征に乗り出す。成化二年（一四六六）、自ら兵二千を率いて喜界島へ軍船五十隻で出陣したのである。奄美大島は一四四〇年代にすでに琉球王国の支配下に入っていたが、喜界島は服属していなかった。前述のように布里らの遠征軍が何度も派遣されていたが、その度に島民の激しい抵抗に遭っていた。尚徳はここで一気に勝負を決しようと図ったのだ。

安里八幡宮*の伝承によれば、王府の軍勢が那覇の泊港を出港する前、尚徳は一羽の鳥が飛んでいるのを見つけ、「我が軍が勝利するならあの鳥を射落とさせよ」、と軍神の八幡大菩薩に祈って矢を放つと矢は見事命中した。また出航後、航路上に浮かぶ鐘を見つけ、これを八幡大菩薩の賜わりものとして引き上げた。士気の上がった王府軍は激戦の後、ついに喜界島を征服。帰国後、尚徳は鳥を仕留めた地に八幡

＊ 安里八幡宮　琉球八社の一つ。一四六六年建立。神宮寺は神徳寺で真言宗、本尊は不動明王。護国寺の末寺。

安里八幡宮（戦前）　那覇市歴史博物館提供

宮を建て、自身の甲冑と弓矢、浮鐘*を奉納したという。

国内においては成化二年（一四六六）、尚泰久が建てた首里の天界寺に大宝殿を増築、巨鐘も鋳造・設置して琉球一の巨刹とし、また成化三年（一四六七）までに朝鮮より大蔵経を再度獲得した。天順元年（一四五七）に大蔵経を得て天界禅寺を建立したものの、経典不足のため普《ふ》須古《すこ》*らを派遣し、ふたたび「大荘蔵経全部*」を求請したものであった。このように尚徳は父・尚泰久の敷いた鎮護国家路線をより強化していく。また尚泰久の「大世通宝*」につづき「世高通宝*」という独自貨幣も鋳造したとされる。

対外関係でも天順五年（一四六二）、領土問題で関係が悪化していた薩摩の島津忠国*に使者を送って関係修復を図り、また成化二年（一四六六）には禅僧の芥隠承琥らを室町幕府の足利義政のもとへ派遣、兵庫津での琉球船貨物の点検制度の改定を求めるなど外交問題の解決にも尽力している。

このように尚徳は前代にも増して、内外において琉球の国威を高めることに成功

＊**浮鐘**　安里八幡宮に所蔵されたと伝わる鐘。伝承では尚徳王の喜界島遠征時、海上に浮かぶ鐘があり、八幡大菩薩に戦勝祈願をしたところ、引き上げることができた。凱旋後、建立した八幡宮に弓矢と甲冑とともに祀ったという。

＊**普須古**　「うふぐすく（大城）」の当て字か。一四六一年、天界寺の建立にともなう経典類の求請のため、蔡璟とともに琉球から朝鮮王朝に遣使された。

＊**大荘蔵経**　大蔵経をさす。

＊**大世通宝**　琉球独自の貨幣。永楽通宝をベースとして尚泰久王代に鋳造されたとみられるが、沖縄県内からの出土例は少なく（二〇〇八年時点で九枚）、貿易決済用だったのではないかとの説もある。

したといえよう。しかしその独断的政策がのちに重大な事件を引き起こすことになる。

クーデターと金丸の即位

　尚徳の活躍によって益々栄えるかに見えた琉球王国だが、その裏で繁栄の原動力となっていた対外貿易は次第に不振となっていた。実は琉球の朝貢貿易の全盛期は三山時代から第一尚氏王朝初期の尚忠の頃までがピークで、以降は緩やかに下降線を辿っていた。一四〇〇年代になると明朝がそれまでつづけてきた琉球への優遇策を止めたためである。貿易から得られる利潤の減少は、国内の按司や家臣団に「貿易利権」を分配することで保たれていた国王の求心力の低下につながるが、すでに尚徳の時代に貿易回数や貿易品の積載量、保有海船の減少など、その衰えがはっきりと表面化していたのだ。

大世通宝・世高通宝　筆者蔵

　この頃、港湾都市・那覇の行政と対外貿易の長官を兼ねる「御物城御鎖之側*」として王朝の経済を支える重要なポストを任されていたのが金丸である。

　金丸は永楽十三年（一四一五）生まれ。童名は

---

* 世高通宝　琉球独自の貨幣。尚徳王代に鋳造されたとみられるが、大世通宝と同様、沖縄県内からの出土例は少ない（二〇〇八年時点で七枚）。

* 島津忠国　一四〇三〜七〇年。島津奥州家の当主。薩摩・大隅・日向の守護。一四三〇年に一族の島津総州家を滅ぼす。

* 御物城御鎖之側　那覇港に浮かぶ貿易倉庫・御物グスクの長。那覇行政や海外貿易も統括した。

松金（思徳金とも）といい、もとは伊是名島諸見の農民であった。宣徳九年（一四三四）、二十歳の頃に父母を失い五歳の弟と暮らしていたが、ある時、大旱魃《だいかんばつ》となり島の田が枯れた。だが金丸の田だけは水源に近く満々と水をたたえている（現在、「逆田《さかた》」として島に残る）。島民は他の田の水を盗んだと疑って彼を害そうとしたため、正統三年（一四三八）二十四歳の時に妻・弟と伊是名島を脱出。各地を転々とした後の正統六年（一四四一）、首里の越来王子・尚泰久に仕えた。金丸の非凡な才能に気づいた尚泰久は尚思達王代に推薦して家来赤頭《げらえあくかべ》（王府の下級役人）となった。以来、次第に頭角を現し、尚泰久即位後の景泰五年（一四五四）には西原間切内間の里主*（領主）となり、天順三年（一四五九）には四十五歳で御物城御鎖之側となった。その働きぶりは「敬をもって君に仕え、信をもって人を使い、賞罰は理にあたり、言行は法にかない、那覇四町はその教化を受け海外諸島におよぶ。みな感服せざるなし」（『球陽』）だったという。

王府の重臣となっていた金丸だったが、新たに即位した青年王・尚徳とは事あるごとに意見が衝突した。そして尚徳が「神の島」である久高島*へ参詣したさい、金丸が従者に休息をとらせるよう諫言したことが尚徳の激しい怒りを買い、両者の対立が決定的なものとなった。金丸はついに尚徳を見限り、成化四年（一四六八）に職を辞して領地である西原間切の内間に引退した。

ところがその翌年の成化五年（一四六九）四月、尚徳は二十九歳の若さで急死する。

＊**里主**　王府より各地の「里主所」という領地をたまわった高位の官人。

＊**久高島**　沖縄島南部・知念半島の東方海上にある島。琉球神話で創世神アマミキヨが作ったフボウ御嶽があり、麦・粟・黍などの発祥地として伝えられ、古くは国王も参加する麦の初穂祭（ミシキヨマ）が行われた。

まもなく首里城正殿前の御庭で諸按司や家臣が参集、次の王を承認する合議が開かれた。古琉球社会には「おかず*」という推挙システムが存在しており、十六世紀以降には国王が新たに即位するさいに、明朝へ「結状*」という臣下の承認状を提出する慣例も確認されている。この合議も臣下の承認儀礼としての側面があったと考えられる。

尚徳の子がまさに王として認められようとする時、安里大親*という老人が前に進み、生前の尚徳の暴虐無道ぶりを訴え、金丸こそが新たな王に相応しいことを主張した。この時、安里大親は「物呉《く》ゆすど我御主《わがうしゅ》（財貨を与えてくれる方こそ我らが主君）、内間御鎖（金丸）ど我御主」と叫んだとも伝えられている。

生前の尚徳の強引ともいえる振る舞いにかねてより不満を抱いていた群臣は、安里大親の意見に賛同、その声は雷鳴のように鳴り響いたという。身の危険を感じた王子や王族たちは逃亡したが、首里城内の聖域である「京の内」の真玉グスクに隠れていた尚徳の長子・佐敷王子と王妃は、家臣たちによって殺害された。

成化五年（一四六九）十一月に琉球使節として朝鮮を訪れた自端西堂*によると、尚徳の子の名は中和《ちゅうわ》で十六歳、「今の王」である（ただ王号は名乗っていない段階）といい、王弟は於思（十三歳）と載渓（十歳）がいたと証言する（『海東諸国紀』「琉球国紀」）。中和なる人物が佐敷王子に該当するのか不明だが、後継者の王子による実質的な執務開始と、首里城における群臣の承認儀礼とクーデターの発生には数ヶ月のタイム

＊**おかず**　琉球で使用されていた推挙状。役職就任の際、連名で提出した。

＊**結状**　冊封の際、王世子が正統な次期後継者であることを琉球の家臣団が保証する書。一五三二年、尚清王より始まった。

＊**安里大親**　唐名を毛興文、名乗は清信という。泊村に住み、御物グスクへ通勤する金丸に王者の相を見出す。尚徳死後、家臣団に金丸の王位擁立を訴えたと伝わる。後に、その功績で安里村の地頭となる。

＊**自端西堂**　一四六七、一四七一年に朝鮮王朝に赴いた琉球使節。博多の禅僧とみられる。

伝尚巴志の墓　読谷村

ラグがあったのかもしれない。翌年の成化六年（一四七〇）四月一日付けで、死去したはずの尚徳名義で朝鮮王朝に宛てた咨文《しぶん》*も残っており（『歴代宝案』）、近世の歴史書が記すように王朝交代はスムーズに行われたのではなく、過渡期で第一尚氏王朝側とのせめぎ合いがあった可能性も充分考えられよう。また伝承によると、尚徳は久高島《くだかじま》の神女、国笠《くにちやさ》*と恋仲となり、島に滞在中のところ首里城でクーデターが勃発、久高島から帰る船で身を投げて死んだともいう。クーデターを起こし第一尚氏王族の排除に成功した群臣は、内間に隠遁していた金丸のもとへ赴き、新たな王に推戴した。成化六年（一四七〇）、金丸は「尚円王」として琉球国王に即位する。ここに七代にわたってつづいた第一尚氏王朝は滅び、新たに第二尚氏王朝が樹立されたのである。

なお首里の天山陵に葬られていた尚巴志ら第一尚氏歴代王の遺骨は、第二尚氏一派に荒らされることを恐れた平田子《しー》らの遺臣によって運び出され、各地へ四散した。

＊**咨文**　明・清朝の公文書の一形式で、品級の高い同格の機関同士で用いられた。琉球では朝貢国間の外交文書に転用された。

＊**国笠**　久高島の神女。島草分けの大里家出身。俗説には尚徳王と恋仲になり、王の島滞在中に首里城でクーデターが発生。王は船から入水自殺し、国笠も後を追って命を絶ったという。

現在、尚巴志の墓と伝えられる場所は読谷村伊良皆に残されている。

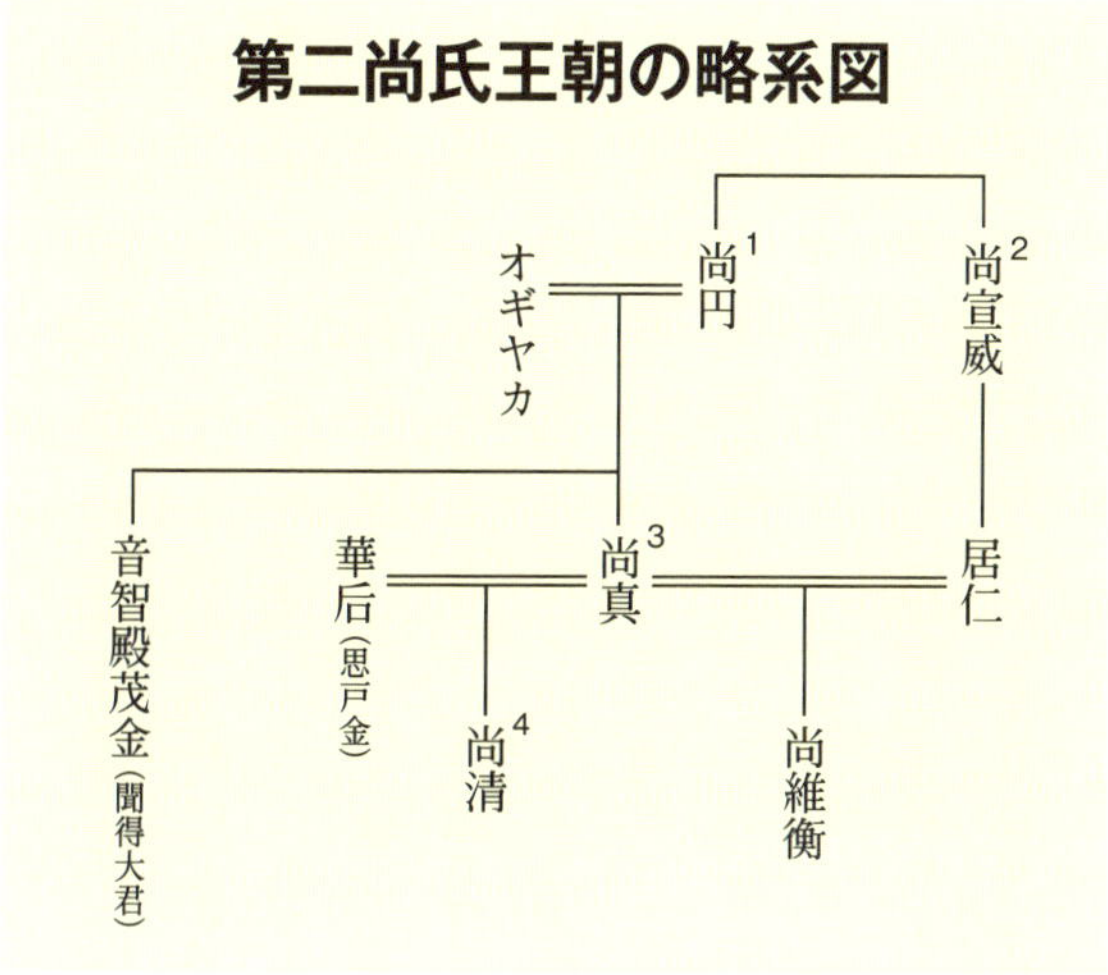

王朝交替の要因

この王朝交替劇について、第二尚氏王朝が編纂した後世の歴史書では「王の人徳の有無」に主な原因を求めているが、それらに全てを帰するわけにはいかない。先に述べたようにクーデターには一四六〇年代から顕著になった対外貿易の衰退が大きく影響していると考えられる。

交易活動を担った大型海船は洪武・永楽*の頃（十四世紀後半〜十五世紀初頭）には三十隻が下賜されたのに対し、正統四年（一四三九）には保有数が七隻まで減少し、景泰元年（一四五〇）以降、海船の不足をカバーするように琉球側負担で福建での大型海船建造を進めていた。しかしそれでも一四六〇年代に入ると朝貢頻度は激減していく。

加えて比較的自由だった明への入貢路が成化五年（一四六九）、福建に固定化されるなど、朝貢制限策も次々と打ち出されていた。また対日関係におい

---

* 永楽　明の永楽帝の年号（一四〇三〜二四年）。

ては応仁元年（一四六七）、応仁・文明の乱による治安悪化と兵庫津における貨物点検制度の影響で琉球船の畿内通交はほぼ途絶し、対日関係の大きな販路の一つを失うことになる。こうした対外環境の変化の影響を受けた貿易不振と王府の対策に不満をもった按司層や家臣団がクーデターを起こした可能性も考えられる。

外交・貿易業務を担っていた久米村にも変化が現れてきた。成化元年（一四六五）、久米村内に「正議大夫*」という役職の新たな設置が確認されており、この時期に組織の何らかの改編が行われている。久米村は当初の自治的な組織から次第に王府内組織へと編成されていったとみられ、十六世紀中頃には王府より采地《さいち》を賜る者も登場する。貿易不振のなか、自らの地位を王国内に確保する動きではないかと指摘されている。

さらに第二尚氏王朝には国王を補佐する華人の「王相」職も消え、琉球人が就く三人制大臣職の「三司官」が前面に登場する。これは、第一尚氏王朝初期には国内政治と外交・貿易に強い影響力を持っていた華人勢力が十五世紀後半の貿易衰退によって求心力が衰え、代わって琉球人の主導による政治・交易体制の再編が行われたとみることも可能であろう。金丸が那覇行政と対外貿易を掌握する役職に就いていたことも示唆的である。金丸が自らクーデターに関与していた可能性も否定できない。いずれにせよ「物呉ゆすど我御主」のエピソードは、交易の富を王が分け与えることが難しくなってきた状況を反映したものだったかもしれない。

＊ **正議大夫**　久米村の役職。長史の役職とともに進貢正使クラス。一四六五年、程鵬が初めて任じられた。のち位階に変化。

尚真王の即位とオギヤカ

成化十二年（一四七六）尚円の死後、群臣より奉じられ後を継いだのは弟の尚宣威《せんい》*であった。尚円の子の尚真《しょうしん》はわずか十三歳であったためである。ところが彼はわずか六ヶ月で退位してしまう。退位の原因は翌年二月、琉球の神・キミテヅリが出現し王を祝福する儀礼のさいに起こった、ある事件であった。尚宣威は首里城の玉座に座り託宣を下す神女たちを待っていた。神女たちは内殿から正殿前の奉神門へ到り、東面して立つ恒例に反して西面し「首里おわるてだこ（太陽の子・国王）が思い子の遊び　見物遊び　躍《おど》よればの見物」と謡った。先王の「思い子（尚真のこと）」をいつくしむ内容、つまり神々の意志は王の適格者が尚真であることを示しており、そのことを悟った尚宣威は自ら退位し、王位を尚真に譲った。その後、尚宣威は領地の越来へ引退し同年、失意のうちに死去した。

尚宣威を退位に導いた神女たちの異例の行動だが、この背後には尚真の母、オギヤカ*（宇喜也嘉）の存在があったのではないかと言われている。オギヤカは正統十年（一四四五）生まれ、尚円の後妻となり「世添御殿《よそえうどぅん》の大按司」を称した。彼女は新たに即位

琉球人　『国々人物図巻』
京都国立博物館所蔵

* 尚宣威　一四三〇〜七七年。第二尚氏第二代の王。尚円の弟。神号は西之世主。即位後六ヶ月で退位し、越来に隠居。

* オギヤカ　一四四五〜一五〇五年。尚円王の後妻。尚円死後、十三歳で即位した尚真王の後見人として王国に君臨した。

した十三歳の少年王・尚真の後見役として王府の実権を握っていた。尚真の即位まもない成化十四年（一四七八）、朝鮮漂着民の金非衣《キムビイ》*が、オギヤカと尚真の出遊の様子を目撃している（『朝鮮成宗実録』）。オギヤカは百人の武装兵に護衛され、二十人余がかつぐ漆輦《しつれん》に乗っていた。そのやや後ろから二十人ほどの護衛と多数の従者を連れ、馬に乗り紅色の衣を着た十余歳の美少年がやって来た。尚真である。金非衣らは琉球人より「国王薨《こう》じて嗣君《しくん》、年幼し。ゆえに母后、朝に臨む」との証言を聞いている。オギヤカは、いわば「女王」のように琉球王国を実質的に動かしていたといえよう。

オギヤカが尚宣威一族の排除を目論んでいたことは、後の弘治十四年（一五〇一）に建立された「玉御殿《たまうどぅん》の碑文」からもうかがうことができる。第二尚氏の墓陵として整備された玉陵に入るべき王族のリストが記されているが、このなかになぜか尚真王の長男である尚維衡《いこう》*の名前が除外されている。尚維衡は尚宣威の娘、居仁の子であった。碑文はリストにある王族の末裔が「千年万年にいたるまで」玉陵に葬られるよう指示し、もしこの規定に背いた場合、「天に仰ぎ、地に伏して祟るべし」と締めくくっている。

なお尚維衡は後に罪をえて浦添に追放された。その理由は尚維衡は尚真夫人である華后《かごう》（思戸金）*の懐に入った蜂を取り除くよう彼女に頼まれ、手をかけたところ悲鳴を上げられ、尚真の怒りを買ったと伝えられている。自らの子を王位に就けた

*金非衣　朝鮮の済州島民。一四七七年二月一日、楸子島に向かう途中で嵐に遭い、与那国島に漂着。

*尚維衡　一四九四〜一五四〇年。尚真王の長男。浦添王子。母は尚宣威の娘居仁。一五〇九年、華后の策略で尚真王の怒りを買い、浦添に追放された。

*思戸金　華后。尚真王の夫人で後継の尚清王を生む。祖父は尚真王養父の南風原親方守知。

い華后の策略であった（衣《い》蜂《ほう》の計）。この逸話は後世の脚色の性格が色濃く、また当時は長男による王位相続の風習は確立されてはいなかったが、尚維衡の追放により王位獲得レースから尚宣威の血を引く者が排除されたことは事実である。

　オギヤカは弘治十八年（一五〇五）、尚真四十一歳の頃に死去するが、それまで王府内に一定の影響力を持ちつづけていたのかもしれない。尚真は母オギヤカの死を機に、それまで行われていた殉死*の風習を廃止した。殉死を非道の行いとする円覚寺住持・仙岩の献言であった（「国王頌徳碑」）。オギヤカの遺骸は玉陵には確認できず、尚円の故郷である伊是名島の玉御殿に「よそひをとん（世添御殿）大あんし（按司）おきやか」の銘書のある石厨子《いしずし》*が残されている。尚維衡は死後、「千年万年にいたるまで」とされた玉陵の規定にもかかわらず、王となった異母弟の尚清によって玉陵に移葬された。

玉御殿の碑文

* 殉死　主君が死んださい、後を追って死ぬ風習。琉球では十五世紀頃から始まったとみられ、男女問わず身分に応じた人数が主の死に「同行」したという。

* 石厨子　輝緑石や琉球石灰岩で作られた厨子。上部のフタは屋根型をしており、琉球で蔵骨器として使用された。記銘で現存最古のものは弘治五年（一四九二）。

中央集権化と王国領域拡大

尚真王代に推し進められたのは、国内統治体制の強化と王国領域の拡大であった。王国各地に「間切・シマ」という行政区画を設定、さらに沖縄島に割拠していた按司たちを都の首里に集住させ、代わって王府が任命した「掟《うっち》」を派遣、直接的な地方支配を実現した。ここに首里王府による中央集権が確立することになった。

中央組織も整備が進み、「ヒキ」と呼ばれる十二の官人組織が「三司官《さんしかん》」のもと三グループに分かれ行政・貿易・軍事を担当する「ヒキ制度」も確立する。按司が保持していた軍事力は中央の「ヒキ」と間切軍に分割され、按司層は『おもろさうし』で「しよりおやいくさ（首里親軍）」と謡われた王府直轄の軍事組織に編成された。護佐丸・阿麻和利の乱以降、首里王府に対抗する勢力はいなくなっていたが、ここにいたって按司層は地元と切り離され、琉球国王の完全なコントロール下に入ることになる。神女組織も「聞得大君《きこえおおぎみ》*」という王族女性を頂点に各地のノロを編成した。中央集権化にあわせて「あんじ（按司）」と「げす（下司）」に大別される官人層の位階も確立した。位階は簪《かんざし》の材質やハチマチ（ターバン。後に冠）の色によって識別された。

王国域内の中央官人や地方役人、神女は全て琉球国王の発給する詔書《しょうしょ》*（御朱印）によって任命、あわせて所得として土地も給付された。王国内の農地は「里主所*」「掟地*」「のろくもい地*」「真人地*」などに区分され、土地面積や名義人などの情報も王

---

* **聞得大君** 第二尚氏王朝の神女組織の頂点に立つ神女。王族女性が就き、初代は尚円王長女の月清（音智殿茂金）。
* **詔書（御朱印）** 琉球国王は発給した辞令書。平仮名書きで「首里之印」が左右上方に押され、中国年号を記載する琉球独自の文書形式。現存する最古のものは嘉靖二年（一五二三）。
* **里主所** 王府から里主に給付された土地。
* **掟地** 王府から地方役人の掟に給付された土地。
* **のろくもい地** 王府からノロに給付された土地。
* **真人地** 真人（一般庶民）が耕作した土地。

府中央で全て把握されていた。

沖縄島の琉球王国はさらに周辺離島へも領域の拡大を図り、弘治十三年（一五〇〇）には八重山へ王府軍を派遣し、石垣島の首長オヤケ・アカハチを滅ぼした（オヤケ・アカハチの乱）。琉球王国と先島諸島は洪武二十三年（一三九〇）に宮古島の首長・与《よ》那覇勢頭豊見親《なはせどとゆみや》が中山王察度のもとへ「入貢」して以降、緩やかな貢納関係を築いていた。先島も各島に首長たちが割拠する「戦国時代」の様相を呈していたが、石垣島ではオヤケ・アカハチが石垣全島をほぼ制圧し、琉球への貢納を三年にわたり拒絶する。

アカハチの本拠地、フルスト原遺跡

さらにアカハチが宮古島に侵攻する動きを見せると、宮古島の首長・仲宗根豊見親*は首里王府へ救援を要請、尚真は三千の王府軍、軍船四十六隻を石垣島へ派兵した（『球陽』など）。宮古勢を加えた王府軍は石垣島への攻撃を開始するが、アカハチ勢は断崖を背に海に面して陣取り、神女ら数十人が王府軍に対し「呪罵《じゅば》*」を行い、果敢に抵抗したため王府軍は苦戦する。そこで王

* 仲宗根豊見親　宮古島の首長。父は宮古島の名門・目黒盛豊見親の出。一五〇〇年、石垣島のアカハチの脅威に対し尚真王へ救援を要請。王府軍とともにアカハチを滅ぼし、先島の覇権を握った。

* 呪罵　神女たちが敵軍勢にかけた呪術。

府軍は二手に分かれ登野城、新川方面から上陸しアカハチ軍を撃破した。

またこの時、王府軍に従軍していた久米島の神女・君南風《きみはえ》*の進言により夜間、筏《いかだ》に松明《たいまつ》を載せて敵軍をおびき寄せ、上陸に成功したという（『球陽』）。この功績により君南風は王府の高級神女「三十三君《くん》*」に列せられた。先述のアカハチ軍の神女による「呪罵」にもみられるように、古琉球においては神々の力が実在のものと観念されており、将兵を鼓舞するだけでなく実際の「戦力」として神女たちが参加していた。『おもろさうし』には聞得大君が「あけのよろい（赤の鎧）」を着用し軍勢の先頭に立つオモロ（神歌）もあり、武装した神女が「戦せぢ」によって戦闘にのぞむ様子がうかがえる。

捕えられたアカハチは処刑され、八重山は琉球の統治下に組み込まれた。宮古・八重山には「大首里大屋子《おおしゅりおおやこ》」という行政の長（後に頭《かしら》と呼ばれる）と行政機関の蔵元が設置され、仲宗根豊見親の息子・祭金*（真刈金）が八重山の大首里大屋子、アカハチに敵対し敗れた石垣島の首長・長田大主は西表島の古見の大首里大屋子に任命された。その後、仲宗根豊見親はさらに与那国島の首長・鬼虎《おにとら》を嘉靖元年（一五二二）に討った。首里王府軍による八重山征服戦争は、先島をめぐる宮古・石垣の争いに琉球王国が介入し、この戦いを契機に仲宗根豊見親《なかそねとゆみや》による覇権が確立することになったと解釈することもできる。

つづいて正徳年間（一五〇六〜一五二一）に王府軍は久米島にも侵攻し、久米島を

＊**君南風**　久米島全島を統括した高級神女。「チンベー」ともいう。三十三君の一人。伝承では神代に三人姉妹の神女がおり、長女が首里弁ヶ嶽、次女が八重山、三女が久米島へと住んだのが発祥とされる（『女官御双紙』）。

＊**三十三君**　琉球の神女組織で上位に位置づけられた高級神女たち。

＊**祭金**　仲宗根豊見親の次男。真刈金とも。オヤケ・アカハチの滅亡後、八重山の大首里大屋子に任じられるが、のちに失政で更迭された。

掌握していた伊敷索《ちなは》按司の勢力を滅ぼした。また『おもろさうし』には「おぎやかもい（尚真の神号）」が奄美大島の笠利を討ったことを謡うオモロがあり、奄美地域へも何らかの軍事行動が行われたようである。こうして首里王府は奄美大島から与那国島にいたる各島嶼を完全な王国領域に取り込み、征服地域へも「間切・シマ制度」を設定し、王府への定期的な租税徴収を義務付けた。

首里の王を中心とした支配を確立すると同時に、尚真王代には様々な造営事業が行われた。首里城外郭の増築（十六世紀前半）や王家菩提寺の円覚寺（一四九四年）、王墓の玉陵《たまどうん》*（一五〇一年）、大蔵経を収蔵する経堂〔後の弁財天堂〕（一五〇二年）、王城外の聖地・園比屋武御嶽石門*（一五一九年）、首里城と那覇港をつなぐ軍用道路「真珠道《まだまみち》」*（一五二二年）など枚挙に暇がない。

尚真の一連の事績は正徳四年（一五〇九）、首里城正殿に設置された「百浦添欄干《ももうらそえらんかん》之銘《のめい》」*からも知ることができ、先述したような位階制度の確立や軍備の増強、太平山（宮古・八重山）への軍事行動、また王城整備や仏教興隆、一年一貢の復活（後述）、中華の風俗の導入などを挙げて尚真の治世を称えている。

奄美大島から与那国島までの島嶼を領域とした琉球王国は、さらにその周辺へも影響力を拡大していた。琉球には首里の琉球国王を「中華」とし、王国版図の周辺離島を「番夷《ばんい》」と位置づけるような琉球型の華夷秩序というべき世界観が存在していたようだ。こうした秩序は当然、琉球以外の諸外国では通用しない観念だが、こ

＊**玉陵**　第二尚氏王家の墓陵。「玉御殿」とも。一五〇一年、尚真王により築造。見上森陵に葬られた尚円王の遺骨を移し、あわせて今後葬られるべき王族子孫の系統も定められた。

＊**園比屋武御嶽石門**　首里城歓会門と守礼門の間に位置する御嶽。国王行幸の際、道中の安全を祈願。石門は一五一九年に築造。八重山の西塘の手によるものという。

＊**真珠道**　首里城から那覇港南岸をつなぐ街道。一五二二年、尚真王により整備。那覇港防御のため、有事の際に首里城から真珠道を経由して「ヒキ」の軍勢を派遣することが規定されていた。

＊**百浦添欄干之銘**　一五〇九年、首里城正殿に輝緑岩製の欄干を設置した際、そこに刻まれた漢文の銘。

尚真王御後絵　鎌倉芳太郎撮影、沖縄県立芸術大学附属図書・芸術資料館所蔵

の「琉球型華夷秩序」ともいえる秩序は日本の一部にまで及んでいた。驚くべきことに、十六世紀初頭の琉球は王国領域を越えて、日本との境界に当たるトカラ列島や大隅諸島、さらには南九州の諸地域をも自らを中心とする外交秩序の中に取り込もうとしていたのである。

琉球と日本との境界に当たるトカラ列島は、海上勢力である七島衆らの拠点であったが、琉球王国は七島を自らに従属する存在ととらえていた。また種子島氏もまた琉球を上位とする君臣関係を受け入れていた。正徳十六年（一五二二）、種子島氏は以前よりの琉球への「忠節」を評価され、貿易船一隻を派遣する権利を認められている。琉球は種子島を島津氏の勢力下としては認めず、単独で種子島を「国」として扱っている。

こうした関係は肥後の相良《さがら》氏*や日向の伊東氏*など南九州の各勢力とも結ばれていたようだ。あくまでも名目上にすぎなかったが、琉球を上位、南九州の各勢力を下位とする一種の朝貢関係が築かれていたとみられる。諸勢力の目的は貿易の権益が

＊**相良氏**　肥後を拠点とした大名。鎌倉時代に御家人として遠江国から肥後国に下向。戦国時代には球磨・八代・葦北三郡に勢力を拡大。近世には人吉藩二万二千石の大名となった。

＊**伊東氏**　日向を拠点とした大名。十六世紀、義祐の代に日向国真幸院の三之山以東、飫肥院全域に勢力を拡大するも、一五七二年、木崎原の戦いで島津氏に敗れ没落。

第一であり、その目的を達成する手段として琉球との関係を受け容れた。

島津氏庶家で日向《ひゅうが》の飫肥《おび》を拠点としていた島津豊州家の島津忠朝は、享禄元年（一五二八）に琉球天界寺を仲介に琉球に外交関係の修復を依頼したが、その文書の中で先代の尚真王を「前皇」、琉球よりの書を「詔書」「勅答」と表現しており、忠朝は自らを琉球国王の下位に位置づけていたことが明らかである。

また島津本宗家（奥州家）の島津忠治も永正元年（一五〇八）に尚真に対し印判制度を働きかけるなかで美辞麗句で琉球を称え、「琉球国王」や「中山王」の文言を中国皇帝と同じように一段高く書き（一字擡頭《たいとう》）、首里を「京師」、島津氏領国を「下国」と表現し、完全に琉球を上位に位置づけている。島津本宗家が弱体化していた当時、琉球では逆に尚真のもとで強力な国家体制を築き上げていた。そうした状況下で琉球は島津本宗家すらその外交秩序に取り込みつつあった。この関係が逆転し、島津氏が琉球へ圧力を強めるのが十六世紀の後半にさしかかってからである。

尚真王代は琉球の「黄金時代」と称されてきた。確かにこれまでみてきたように、この時期の琉球王国は国家制度の確立や領域拡大など「王国全盛期」と呼ぶに足るような事象が次々と展開されている。しかしその背後では朝貢貿易の衰退に歯止めがかからなかった。一四六〇年代までに打ち出された明朝の朝貢制限につづき、さらに成化十年（一四七四）の琉球使節による福州《ふくしゅう》懐安《かいあん》県民《けんみん》の強盗殺害事件で、琉球の朝貢頻度は二年一貢と制限され、琉球の優位は失われていった。二年一貢は琉球側の再三の働きかけにより正徳二年(一五〇七)に一年一貢へ戻されたが、やがて嘉靖元年(一五二二)にふたたび二年一貢になり、以降は変更されることはなかった。

琉球は国の成り立ちから対外貿易を前提とした社会を作り上げていたが、朝貢貿易が衰退する状況でこうした従来のシステムが円滑に機能しなくなったとみられる。そこで首里王府は王国域内を拡大し、各島嶼からの租税・貢納制を強化して安定した再分配システムを再構築する試みが尚真王代の一連の政策であったのではないかと指摘されている。つまり「外向き」から「内向き」の仕組みへと転換することで、王権の求心力を維持しようとする動きとみることができる。

加えてこうした周辺地域への軍事行動が、沖縄島各地の按司層を動員して王府中央組織(ヒキ)に取り込むためのテコ入れとなり、王府の中央集権化を促進した可能性がある。つまり沖縄島における中央集権化と離島への軍事行動が一体として進められていたと考えることもできよう。

激動の時代に代わり安定化・平和の世が到来したかに見える尚真王代の琉球王国の実態は、忍び寄る国力衰退と危機への対処により現出した「ひとときの輝き」であったといえるのかもしれない。尚真の死後まもなく、海域アジア世界では後期倭寇の登場と「銀」をめぐる空前の民間交易ブームが巻き起こり、琉球王国はさらなる歴史の激流に呑み込まれていく。北の日本は戦国時代に突入し、薩摩島津氏が琉球にその手を伸ばしてくるのはすぐそこであった。

人物相関図

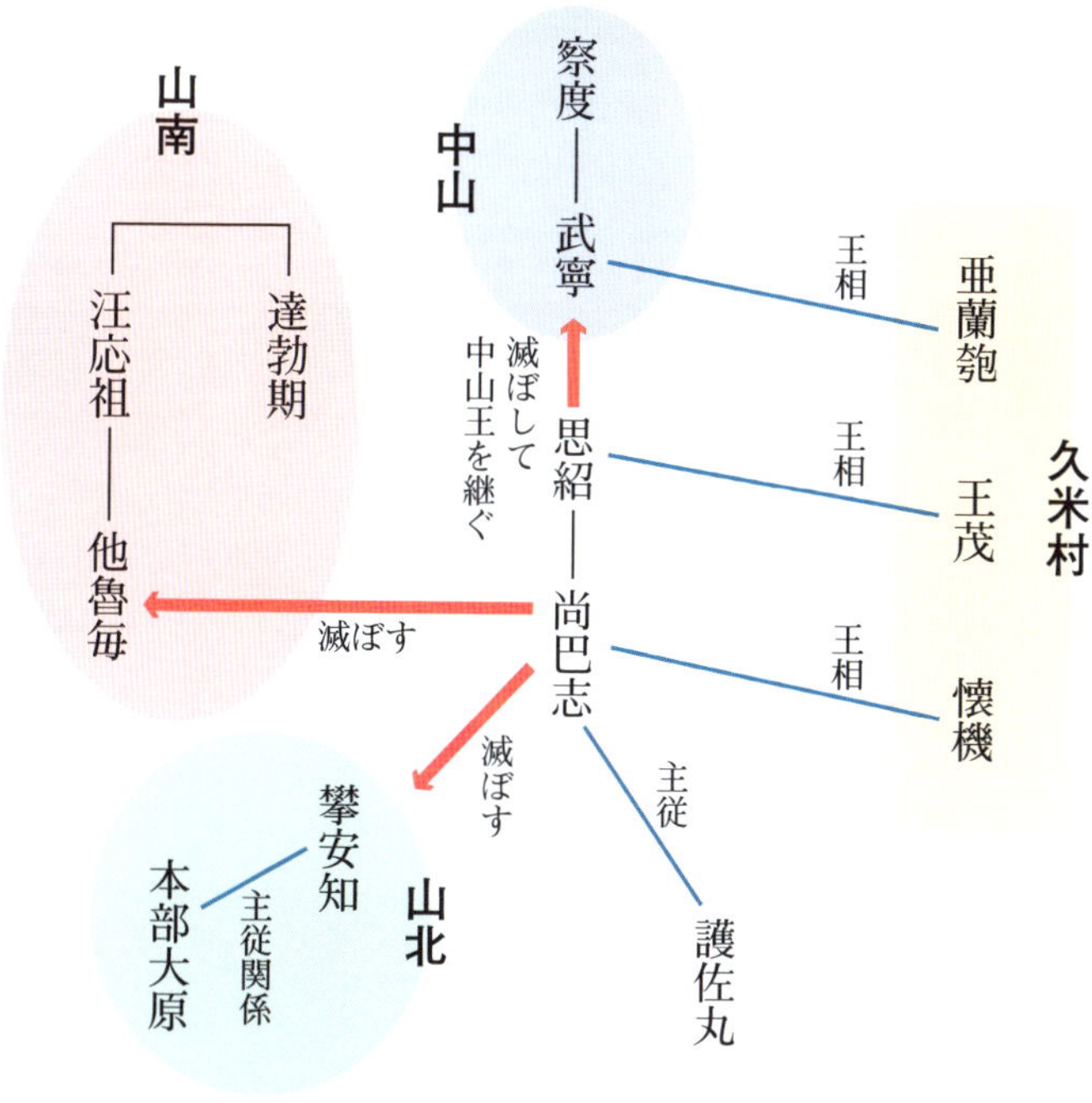

【1400年代初頭の人物相関図】

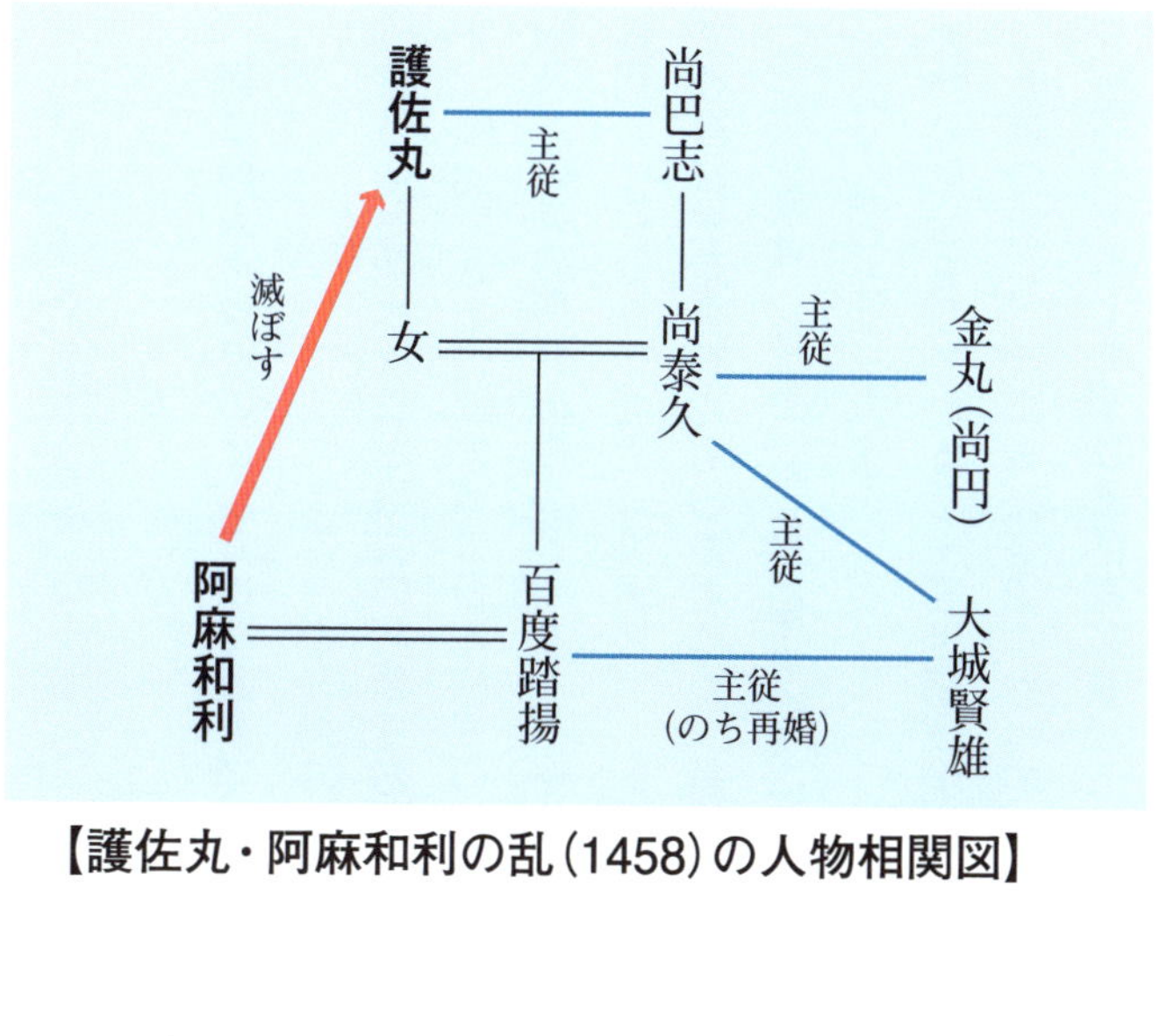

【護佐丸・阿麻和利の乱(1458)の人物相関図】

コラム

古琉球の武器・武具

古琉球の時代は各地の按司たちが争う「戦国」の時代であった。当時の人々はどのような出で立ちで戦闘にのぞんでいたのだろうか。

中国との交流がさかんだった琉球は中国風のイメージが強いが、意外にも基本は日本様式の武装であった。中国様式の武具は沖縄県内の発掘調査から見つかっておらず、確認できるのはすべて日本様式のもの（小札《こざね》、八双金具《はっそうかなぐ》など）である。それも鎌倉・室町期の大鎧や胴丸・腹巻の形式のものしかなく、十七世紀初頭になっても日本の戦国期に使用されていた当世具足は採用していなかったとみられる。

これらの甲冑は日本から輸入したものだけではなく、琉球現地で独自に生産されたものもあった。歌謡集『おもろさうし』には「金冑《かなかぶと》げらへて（作って）」と謡われ、「牛馬の皮は、皆官に納めて甲を造る」（『朝鮮世祖実録』）とあり、またグスク出土の八双金具にも琉球製のものが見つかっている。

とくに首里城から出土した兜の鍬形は、日本本土で見られない独特の形状をしている。十五世紀後半の朝鮮漂着民の証言では琉球の兜は「鉄をもって両角を作り、状は鹿角の如し。沃するに金銀をもってす」（『朝鮮世祖実録』）といい、金メッキされた鍬形が鹿の角のように枝分かれした形状を的確に表現している。

顔を防御する面具は「鉄をもって人面を作り、面上に着け、形は仮面の如し」（『朝鮮世祖実録』）とあるように、十五世紀の時点で鍍金された総面形式の面具を採用していた。これは同時期の日本では一般的ではない。成化八年（一四七二）には明に武具として「鍍金鉄面」も贈られている（『歴代宝案』）。甲冑に関しては、胴丸・腹巻に本来備わっていない「障子の板」という大鎧の肩の防御具が胴丸に付属する例もあり、薩摩製作の胴丸との関連が指摘されている。

　このように、琉球の武具は日本様式をベースとして独自の発展を遂げていたようだ。

攻撃具についても、刀剣は日本刀に外装を琉球で製作する例が確認されている。山北王・攀安知の刀で後に尚家の宝刀となった千代金丸は刀身は室町期の日本刀だが、外装は琉球で製作され、柄は日本本土では見られない片手持ち、柄頭が非常に大きく、鞘は金板で覆う独特の形式をしている。『歴代宝案』には明に贈られた日本刀に朱漆塗りで螺鈿《らでん》が施された鞘があるが、この形式も同時期の日本ではきわめて少ない。おそらく外装を琉球で仕立てたものであったと考えられる。

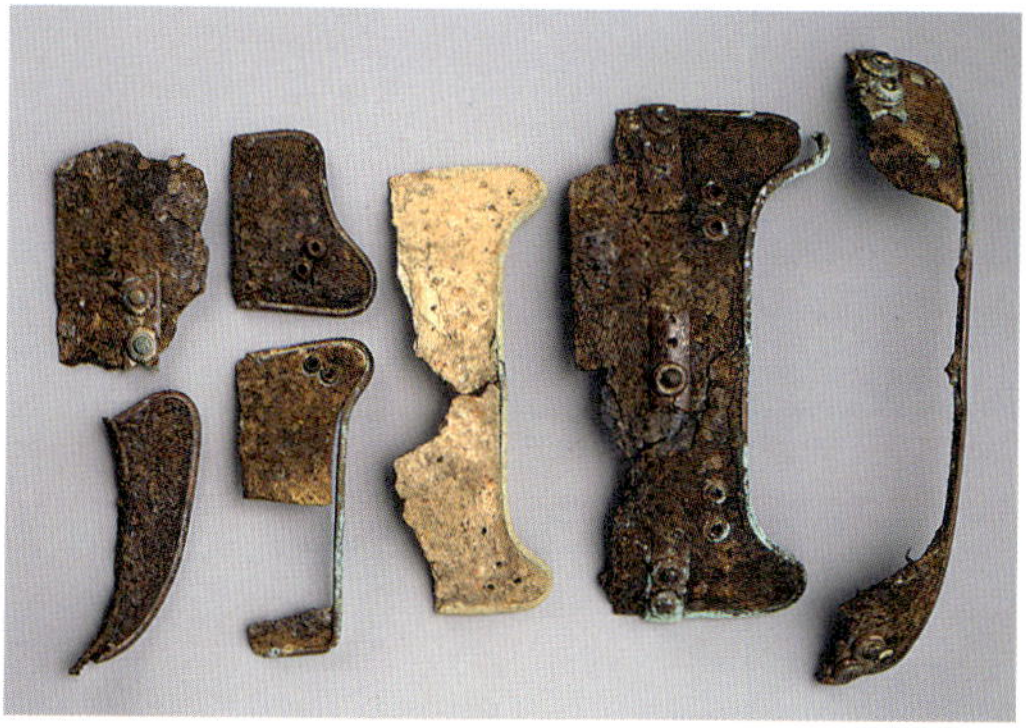

玉城グスク崖下出土の甲冑
沖縄県立博物館・美術館所蔵

　また注目すべき点が火器（銃砲）である。琉球は景泰元年（一四五〇）の時点ですでに「火筒」という火器兵器を導入していた。これは中国から伝来した火縄銃以前の手銃（ハンドキャノン）の形式とみられ、琉球では「火矢《ひや》」と呼んだ。十六世紀に築かれた那覇港口の砲台（屋良座森グスク・三重グスク）には「大石火矢」（『琉球入ノ記』）、「銃」（『歴代宝案』）と表現される大型火器が設置されたようだが、これらも中国から導入された可能性が高い。

　万暦三十三年（一六〇五）に著された『琉球往来』では、王府高官の所有する軍備が記されている。重藤《しげとう》・漆籠藤《ぬりごめとう》など日本様式の弓が五百張、銃（手火矢）が大小二百挺、矛など様々な形状の長柄武器、太刀・脇刀。兜・甲冑が三百領。そのほか母衣《ほろ》や扇、旗などが揃えられていたとある。『琉球往来』は文書例を示したテキストで実際に発給された文書ではないが、他の記述をみると当時の琉球社会の状況を正確に記述しており、内容そのものは信頼性が高く、当時の王府内に相当数の武器・武具がストックされていた一端をうかがうことができる。

コラム　古琉球の文書と印章

　古琉球において首里王府が発給した公的文書はその大半が失われているが、わずかに国王の辞令《じれい》詔書《しょうしょ》（御朱印《ごしゅいん》ともいう）が現存している。その特徴は漢字交じりの平仮名文で書かれている点である。

　辞令詔書は「首里の御みこと（詔）」で始まり、官職の任官や所得耕作地の付与、耕地面積の変更・調整などが規定され、発給年月日は中国年号が記される。そして文書の左右上方に朱印「首里之印」が押される。中世日本の公文書が一般的に和様漢文、花押を使用するのに対し、琉球国内ではそれらが見られない。つまり日本の「かな」を使っているものの、琉球では中世の日本とは異なる独自の使い方をしているのである。

　古琉球期に建てられた石碑にも辞令詔書と同様に漢字交じりの平仮名文で記される碑文の例が多数あるが、中世日本において碑文は板碑や五輪塔などの供養塔が大半で、琉球のように国家的事業を記念する建碑はまず見られない。古琉球の碑文は中国伝来の文化でありながら日本の平仮名が多用されており、日本の文字とはいえ中世日本のあり様とは異なる。村井章介氏はこうした琉球の碑を「きわめて境界的な存在」であることを指摘する。

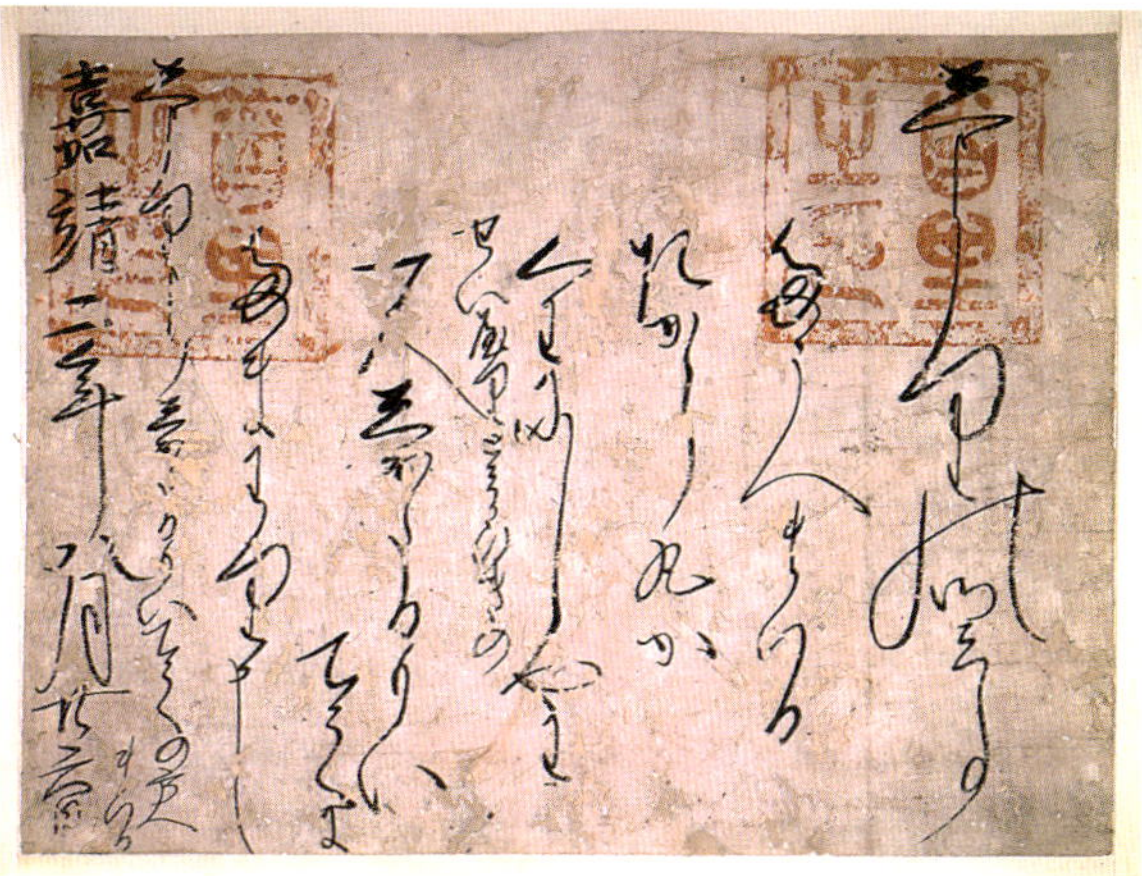

辞令詔書（田名家文書、嘉靖２年（1523）８月26日渡明船宝丸官者職補任状）　沖縄県立博物館・美術館寄託

　文書の押印についても中国伝来の文化と考えられる。辞令詔書の押印箇所が文書の左右上方となっているが、明皇帝の勅書や朝鮮の外交文書をモデルにした可能性がある。あるいは「しより（首里、国王を示す）」と年号の箇所への押印を意図したものだろうか。

　国王印については明より与えられた「琉球国中山王之印」があるが（現存せず）、国内での使用例は一切確認されておらず、もっぱら日本以外の外交文書に使用されたようである。国内向けの国王印「首里之印」は第二尚氏王朝の尚円から十九世紀の王国末期まで使われつづける。古琉球期においては国内向けのみならず、国王が日本側に宛てた外交文書でも使用された。

　このほか、日本向けの外交文書で使用された印がいくつか確認されている。十五世紀頃、第一尚氏王朝で使用された「代主《よのぬし》（国王）」の印は「海印《かいいん》」であった（「阿多文書」）。「海印」とは「すべてを覚知しうる仏の智」を意味する仏教用語とみられる。また第二尚氏王朝の時代、十六世紀には三司官の「三司官印」や港湾都市那覇の行政を司る那覇主部の「那覇」の印も確認できる（「島津家文書」）。

　こうした印は外交文書にのみで確認されているが、「首里之印」の事例から考えて、琉球国内の行政文書で使用されていた印を外交文書に転用していた可能性がある。古琉球における国内の行政文書がどのように発給され機能していたかは明らかになっていないが、いくつかの印の存在から、おぼろげながらその一端が見えてくるのではないだろうか。

　万暦三十七年（一六〇九）、琉球は薩摩島津氏の軍勢に征服される。以降、日本向けの外交文書からは印が消え、国王や三司官らはヤマト風の花押を書くようになっていく。

Ⅱ アジアのなかの琉球王国

首里那覇港図（部分）　沖縄県立博物館・美術館所蔵

一 華人ネットワークと中国・東南アジア貿易

琉球の交易活動の特徴

琉球王国の活動範囲は南西諸島にのみ限定されていたわけではなかった。十四世紀末から十六世紀にかけて海域アジア世界の広範囲にわたる交易活動を活発におこなっていた。小さな島国にすぎなかった琉球がなぜ交易国家として成長を遂げることになったのか。その要因と仕組みを探っていこう。

交易国家として歩み出す契機は洪武五年（一三七二）、明使の楊載が浦添グスクの察度に入貢を求めて琉球に来航したことであった。察度はこの要請に応じ、王弟の泰期を派遣、「中山王察度」と称して初入貢を果たした。以降、琉球はおよそ五百年にわたり中国（明・清）との関係をつづけていく。

琉球の交易は王府が運営する国営貿易であり、明朝への朝貢を軸に、中国産品（陶磁器など）を入手して日本や東南アジアへ供給し、さらに東南アジア産品（胡椒・蘇木など）や日本産品（刀・屏風・扇子など）を、明朝への朝貢にさいしては附搭《ふとう》貨物（交易品）として持参し交易する中継貿易の形態であった。

対明通交

中国明朝との朝貢貿易は洪武四年（一三七二）から始まる。当初は

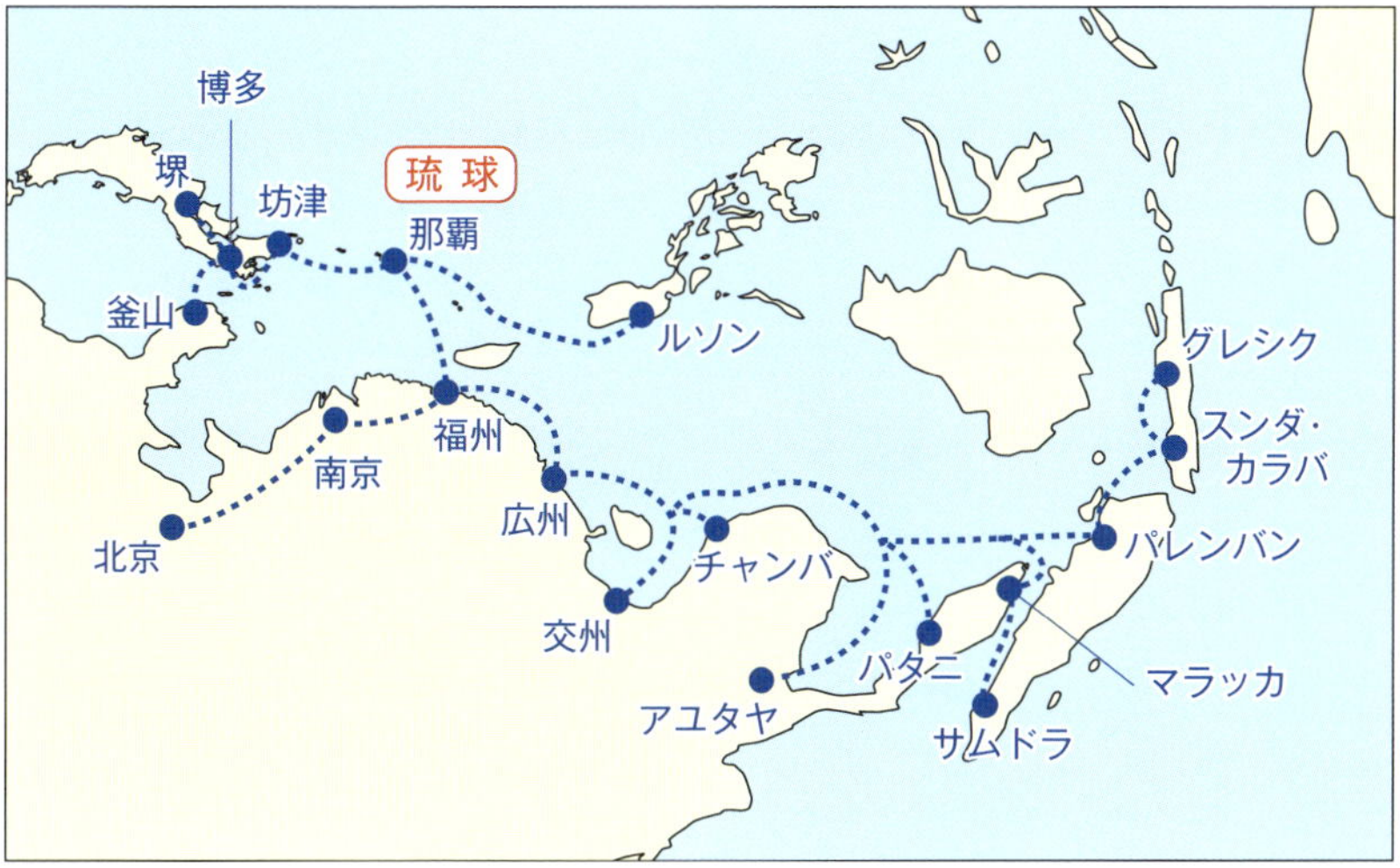

琉球王国の交易ルート（15～16世紀）

明使の船に便乗して朝貢を行っていたようだが、琉球は中山・山南が洪武十六年（一三八三）から明朝より大型海船を無償で提供されると、以降は自前で頻繁に使節を派遣した。その頻度は「朝貢不時（無制限の朝貢）」と言われるほどで、年平均で二、三度にも及ぶ。日本が十年に一度、安南（ベトナム）が三年に一度の朝貢であったことを考えれば、明の朝貢国のなかでも群を抜いて朝貢回数の多かったことがわかる。

朝貢品は自国の産物である硫黄*と馬が基本だが、中継貿易で得た胡椒や蘇木、象牙、扇、日本刀など東南アジアや日本の産物も献上していた。そのほか、朝貢とは別に附搭貨物という国王名義で持参した交易品があ

＊硫黄　鉱物。火薬の原料などに使用された。琉球では朝貢品として利用され、沖縄島北方にある硫黄鳥島で採掘された。

り、その主体は東南アジア産の蘇木であった。

琉球の産物である硫黄は沖縄島のさらに北西約六十五キロにある硫黄鳥島で採掘された。硫黄鳥島は現在も沖縄県の領域で、県内唯一の火山島である。古琉球期の状況は不明だが、近世には採掘された硫黄は船で沖縄島の泊港《とまりこう》*に運ばれ、那覇港にある硫黄グスクに貯蔵された。『明太祖実録』には洪武二十五年（一三九二）、硫黄を採掘し運搬途中の才孤那《さいこな》ら琉球国の民三十六名が小琉球（台湾）に漂着した事件が記されており、この時期には硫黄採掘が行われていたようである。

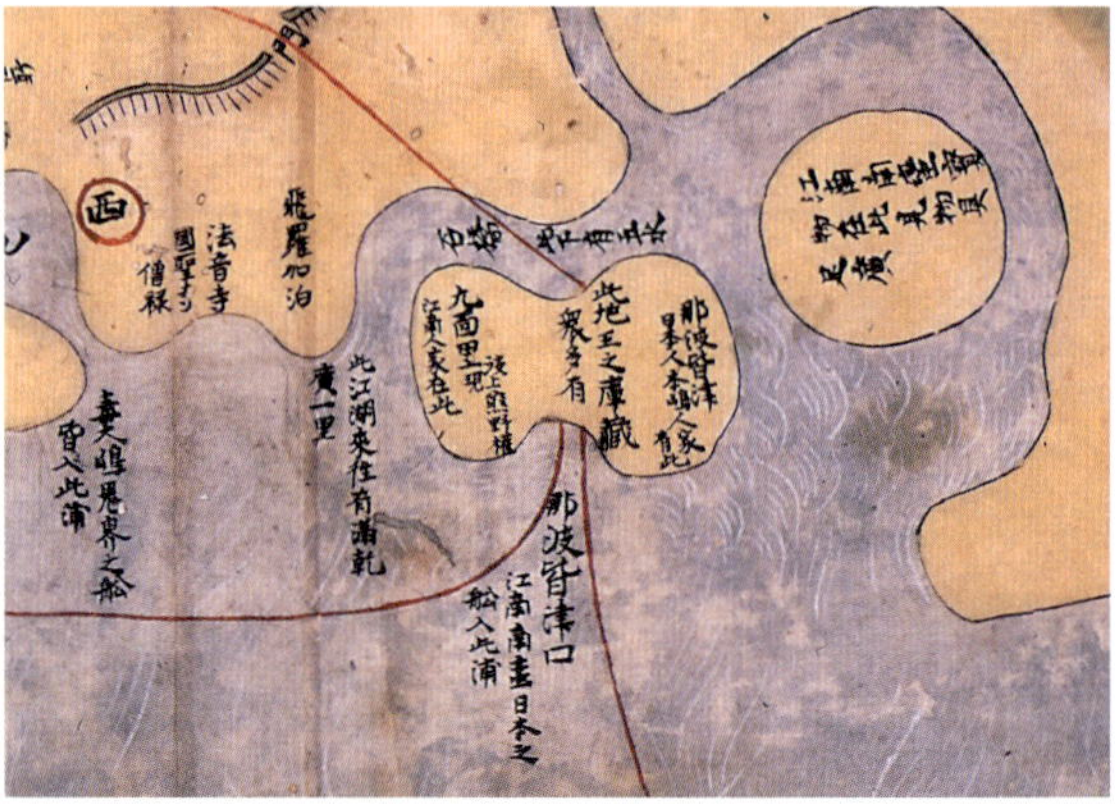

「琉球国図」那覇部分　沖縄県立博物館・美術館所蔵

馬は現在見ることのできる与那国《よなぐに》馬や宮古《みやこ》馬のような小型の在来馬であったと考えられる。洪武十六年（一三八三）、明使の梁珉《りょうみん》*によって琉球から九八三匹もの馬が購入された事例もある。十四世紀後半には琉球に大量の馬が生息していたとみられる。近世期には王府経営の牧場（現在の読谷村牧原）も確認されており、何らかの飼

---

* 泊港　那覇の北、安里川下流域から河口部に位置する港。古琉球には奄美や先島など周辺離島からの船が集まる域内港となり、諸島を管轄する泊御殿や奄美からの年貢を収納する大島倉が置かれた。

* 梁珉　内使監（宦官の庁）の丞という地位にあった宦官。

育施設も存在した可能性がある。ただし十五世紀初頭にその数はピークアウトを迎え、以後は十匹前後で推移、朝貢品としては形式化した。送られた硫黄は火薬の原料や薬種として、馬は明初においては対モンゴルの軍事用として使用されたとみられる。

さて那覇港から出航した進貢船は慶良間《けらま》諸島、久米島を経由して東シナ海を越え、中国大陸の福建省に向かった。朝貢開始当初、琉球の入貢地に指定されていたのは、海のシルクロードの拠点として知られる泉州であった。泉州には外国人の滞在施設である「来遠駅」があり、琉球使節はここに滞在した。

「唐船図」中の進貢船　沖縄県立図書館所蔵

その後、使節の一部が南京（後に北京）の皇帝へ王からの文書と朝貢品を献上し、皇帝から朝貢品の何倍もの価値を持つ回賜品（返礼の品）をもらった。残りの使節は福建において交易業務を行い、この取引で大きな利益を得た。琉球使節の滞在場所は福建市舶司の移動にともない成化八年（一四七二）に福州に移転し、

泉州来遠駅跡

以降は「柔遠駅」が十九世紀まで利用された。

琉球の中継貿易は、この明との関係が機軸となることで初めて可能になった。明は琉球が朝貢を円滑に行えるため、様々な優遇策を実施した。前述の「朝貢不時」と称されるほどの無制限の朝貢頻度、王以外の朝貢主体、朝貢活動を支える人材派遣、大型海船の無償提供などである。

たとえば、琉球が明朝に入貢して以降、しばらくは二年に一度のペース、しかも明使の琉球往来船に便乗するかたちで朝貢が行われていたようだが、洪武十八年（一三八五）の中山・山南への大型海船の下賜以降はその頻度は増加し、一年に二、三度のペースで朝貢を行った。さかんな使節派遣に対し、明側からとがめられた形跡はなく当初、琉球の朝貢回数制限は実質的になかったようだ。

また三山の王に加え王世子《おうせいし》や王弟、王叔など琉球一国で複数の朝貢主体が認められ、しかも他の朝貢諸国に課せられていた勘合《かんごう》*制度（渡航証明制度）も適用されなかった。当初の琉球船の寄港地は福建の泉州と定められていたが、実際には福州や浙江の寧波《ニンポー》・瑞安《ずいあん》など中国沿岸各地へ自由に来航していた。

* 勘合　明皇帝から日本やシャム、チャンパなどの国王に与えられた渡航証明書。朝貢時、文書と控えの簿冊の割書・割印を照合して正規の使者かどうか確認したと考えられる。

下賜された海船は中国沿岸部に配備されていた軍事組織・衛所や千戸所の軍船で、各船には字号（漢字の船名・番号）が付けられており、永楽年間（一四〇四〜二四年）までにのべ三十隻に及ぶ字号船が琉球へ無償提供された。その大きさは中国の四百料官船と同クラスの乗員約百名、全長約三十メートルで、琉球ではこのクラスの船を自前で建造できず、老朽化のさいには明朝へ修理を求めている。

朝貢活動を支えた華人たち

さらに海船を操舵する航海スタッフ、外交文書（表文）の作成や通訳（通事）など朝貢業務を支援するための華人集団が派遣されることになる。後に「閩《びん》人三十六姓の下賜」として神話化されていくが、明朝の「欽報《きんぽう》」、すなわち公的な指令を受けるかたちで琉球に赴き梢水《しょうすい》*（水主）から火長*（船長）を勤め、宣徳六年（一四三一）に帰郷を願い出た潘仲孫《はんちゅうそん》、命を奉じて三代にわたり進貢業務に従事した蔡璟*一族などの事例があり、明朝から何らかの公的な人材派遣があったのは事実とみられる。

なお統一王朝の成立以前、三山は各自で朝貢使者を明に派遣していたが、三山使者は同日入貢の事例が多くみられ、とくに山北使者の入貢は中山とほぼすべて同時に行われている。これは中山・山南が海船を下賜されたのに対し、山北は一隻も供与されなかったことから、中山船に便乗して朝貢を行っていた可能性がある。

朝貢使者も中山・山南の使者を一人が同時に務めたり、同一人物が中山→山南→中山とその所属を変える事例も少なくない。政治的に対立する三山がこうした行動

* 梢水　進貢船の水主。水夫。

* 火長　進貢船の船長。当初は久米村の華人が就いた。

* 蔡璟　一四二六〜八六年。久米村の蔡氏三世。長史として渡明するほか、一四六一年に普須古とともに朝鮮にも渡航。一四七一年には中国で禁制品の蟒龍衣服を製作し問題となった。

をとっていたのは、三山の権力体に完全には取り込まれていなかった久米村など、那覇の外来勢力を介するかたちで朝貢が進められていたことを示しているのではないだろうか。

それでは例として朝貢業務の実務を担った人物を挙げよう。

亜蘭匏は洪武十五年（一三八二）から洪武三十一年（一三九八）にかけて十回も中山王の使者として渡明し、琉球の初期の朝貢を支えた人物である。彼は「王相《おうしょう》」でもあり、久米村を統括するリーダー的存在であったとみられる。洪武二十七年（一三九四）には中山王の察度が要請して皇帝より正五品を与えられているが、察度は亜蘭匏を「国の重事《じゅうじ》を掌《つかさど》る」と述べており、中山王の側近的な役割も担っていたとみられる。久米村はこの後もとくに中山との政治的結びつきを強めていく。このほか王相に次ぐ長史、十五世紀後半には正議大夫《せいぎたいふ》という高官位の華人が朝貢使節をつとめることもあった。

さらに代表的な華人が懐機である。彼は永楽十六年（一四一八）に朝貢使節の長史として登場し、やがて王相として第一尚氏政権を支えた人物である。宣徳七年（一四三二）には皇帝より直接、頒賜品*を与えられる異例の待遇を受けていた。先述のように、彼はまた道教（天師道）の天師府大人とも交渉をしている。

第一尚氏王朝初期の外交を支えた鄭義才《ていぎさい》*は福建省長楽県の出身で、永楽十四年（一四一六）に山南王他魯毎の使者として登場、やがて永楽二十二年（一四二四）には長

---

* **頒賜品**　皇帝からたまわった品。
* **鄭義才**　久米村鄭氏の元祖。福建省福州長楽県の人。

史の肩書で中山王尚巴志の使節となっており、以来宣徳三年（一四二八）まで長史として明へ派遣されている。

また程鵬《ていほう》*は一四三九年（正統四）に通事として登場し、成化二十三年（一四八三）まで十三回、約五十年にわたって朝貢活動に従事した人物である。成化元年（一四六五）には「正議大夫」の肩書で朝貢するが、この職に就いた初めて人物が程鵬であった。琉球の対明外交と交易は、明朝のテコ入れによる人材派遣と、那覇に滞在する華人を活用したことによって成り立っていたといえよう。

だが対明外交は華人以外の者も活躍していたようだ。報恩寺《ほうおんじ》住持の天屋裔則《てんおくえいそく》が正統三年（一四三八）に明への朝貢使者として派遣された例がある（『歴代宝案』）。彼は「度牒《どちょう》*（僧侶の免許状）」も求めており、中国仏教界とのつながりもあったようである。またさらに興味深い例もある。弘治四年（一四九一）の明への朝貢使節の「管船直庫」に「呉須模度《くすもと》」なる人物がみえ（『歴代宝案』）、これは「楠本」で在琉日本人ではないかと考えられる。

嘉靖十九年（一五四〇）、日本の遣明使節は明滞在中に北京で琉球使節と面会したが、そのなかに「琉球長史《ちょうし》河上《かわかみ》」なる人物がいて、彼は日本遣明船の船頭で博多出身の河上杢左衛門《かわかみもくざえもん》*と旧知の間柄であり（『策彦入明記』）、おそらく両人の河上は親戚関係にあったと考えられる。本来、久米村華人が就くはずの長史職に日本人が就いていたのである。

＊**程鵬**　久米村華人。同じく華人の程復、程長との血統的なつながりは不明。

＊**度牒**　得度して僧となった者が官より与えられる免許状。

＊**河上杢左衛門**　一五三七年、日本からの遣明使節（正使・湖心碩鼎、副使・策彦周良）の二号船の船頭。

古琉球の那覇は外来者が多数居住し「諸民族雑居」ともいえる国際的状況であった。そうしたなかで久米村は華人だけで必ずしも孤立していたわけではなく、さまざまな人々が流入し、ハイブリッド化していたのではないだろうか。近世期の史料には表れない世界があったことは疑いがない。

明朝の琉球への優遇策の背景については第Ⅰ章でも少しふれた。海禁政策による海外通交の統制が逆に倭寇活動の激化を招いたため、海禁政策を引きつづき維持するいっぽう、新興国の琉球を有力な朝貢主体に育てることで、朝貢貿易体制の外にはじかれた海寇や民間交易勢力の「受け皿」とし、彼らを合法的に貿易に参加させることで海域世界の秩序化を図ったとの説が提起されている。明朝にとっては自らのシステムを守りながら民間海商たちに生きる術を残し、倭寇問題も解決するという手段である。琉球の民間交易勢力の主体こそ、那覇の浮島に雑居した外来者たちであったといえる。事実、古琉球の交易活動を実質的に担っていたのは久米村の華人をはじめとした外来者たちであった。

なお優遇策については、明側が「朝貢」そのものの円滑化を目的としていたのに対し、琉球はあくまでも朝貢に付随する「貿易」に主眼を置いていた。それは『おもろさうし』に初の朝貢使者となった泰期を「唐商い《とうあきな》」を流行らせた人物と謡っていることや、後の万暦三十五年（一六〇七）に、「文引制《ぶんいん》」適用による民間交易の容認と新たな「閩人三十六姓」の派遣を願い出たさいに、明側から「三十六姓の下賜は琉球が朝貢するための水先案内役として派遣されたものであり、交易のための派遣ではない」と釘を刺されていることからもうかがえよう。

対東南アジア通交　東南アジアへはシャム・マラッカを主な取引先として、パタニ*・パレンバン*・ジャワ・サムドラ*・スンダ*・安南*などの諸地域への通交した。記録上では永楽十七年（一四一九）から隆慶四年（一五七〇）までの派遣が確認されるが、洪熙元年（一四二五）にシャムへ送られた文書には「洪武年間の察度王代より連年派遣された」とあることから、十四世紀後半にはすでに東南アジアとの通交は開始されていたようだ。

各派遣先は、十五世紀前半がシャム・パレンバン・ジャワ、十五世紀後半がシャム・マラッカ、十六世紀前半がシャム・パタニ、十六世紀後半がシャムのみと変遷している。通交は一度に全ての地域に行われたわけではなく二、三カ国ほどであり、時期によって派遣先が変化しているのが特徴である。

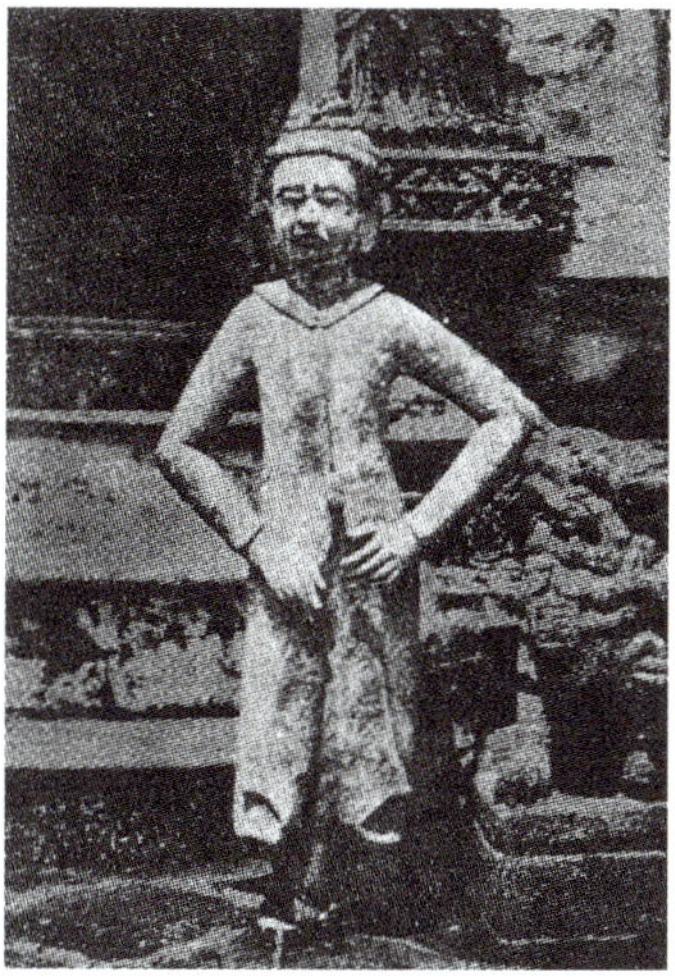

バンコク、ワットポーの伝琉球人像

東南アジアへは明の公文書の形式である「咨文」を外交文書に使用し、交易が行われた。「咨文」を使用したのは交渉相手の東南アジア各国・

＊**パタニ**　マレー半島東岸の港市国家。一五一一年、マラッカ陥落後の交易拠点として栄えるも、十七世紀前半には衰退。

＊**パレンバン**　スマトラ島東部のムシ川流域にあった港市。旧港。十五世紀には「旧港宣慰司」という華僑集団が当地を掌握していた。

＊**サムドラ**　サムドラ・パサイ。蘇門答剌。スマトラ島北部、パサイ川河口に位置した港市国家。イスラム教国。

＊**スンダ**　スンダ・カラパ。ジャワ島西部にあったパジャジャラン王国の外港。現在のジャカルタ旧市街に位置。

＊**安南**　ベトナムの中国側呼称。大越国。黎朝（一四二八〜一七八九年）。

各地域が明の朝貢国であり、共通の漢文でやり取りするのに最適だったからである。琉球からは大量の中国陶磁器が送られ、東南アジアからは胡椒や蘇木*（蘇芳）、象牙などを入手した。琉球の東南アジアへの交易は「大明天朝に進貢するに備う」、すなわち入手した東南アジア産物を朝貢品として調達することを名目に行われた。両者が朝貢国同士であることから、交渉に共通の素地があったわけである。

たとえば洪熙元年（一四二五）に中山王の尚巴志からシャム国へ贈られた品は硫黄三千斤や腰刀、扇、織物とともに大量の陶磁器（大青盤*二十個、小青盤*四百個、小青碗*二千個）が確認でき、あわせて蘇木・胡椒の購買の許可を求めている（『歴代宝案』）。東南アジアで購入した蘇木や胡椒は、明への進貢品や附搭貨物として送られたようだ。たとえば成化六年（一四七〇）の明への朝貢では進貢品に象牙、東香*、胡椒が、附搭貨物に蘇木・番錫*・胡椒の品々が確認できる。

交易は朝貢国同士の「公的」関係であることを前提としていたが、必ずしもその枠組で行われただけではなく、永楽十七年（一四一九）のシャムでの官売買強制をめぐる撤回交渉にみられるように、琉球は現地の民間市場により近づけるかたちでの取引を求めていた。逆に東南アジア各政権から琉球への公的船の派遣は例外的にしかなく、東南アジアからは主に民間商船が那覇に来航していた。そのことは『琉球国図』中の那覇港口に「江南・南蛮・日本の船、この浦に入る」とあり、『おもろさうし』にも「唐《たう》・南蛮《なばん》寄《よ》り合《や》う那覇泊《なはとまり》」と記されていることからもうかがえる。

* **蘇木**　蘇芳。東南アジアに産する豆科の植物。黄色の染料や漢方薬として使われた。
* **大青盤、小青盤、小青碗**　大小の青磁の皿と碗。
* **東香**　速香。沈香の一種。ジンチョウゲ科常緑高木の樹脂が凝集したもの。
* **番錫**　東南アジア産の錫。

料金受取人払郵便

本郷局承認

5788

差出有効期間
2025年1月
31日まで

郵便はがき

113-8790

東京都文京区本郷7丁目2番8号

吉川弘文館 行

愛読者カード

本書をお買い上げいただきまして、まことにありがとうございました。このハガキを、小社へのご意見またはご注文にご利用下さい。

お買上**書名**

＊本書に関するご感想、ご批判をお聞かせ下さい。

＊出版を希望するテーマ・執筆者名をお聞かせ下さい。

お買上書店名　　区市町　　書店

◆新刊情報はホームページで　http://www.yoshikawa-k.co.jp/

◆ご注文、ご意見については　E-mail:sales@yoshikawa-k.co.jp

ふりがな ご氏名	年齢　　歳　男・女
〒 □□□-□□□□	電話
ご住所	
ご職業	所属学会等
ご購読 新聞名	ご購読 雑誌名

今後、吉川弘文館の「新刊案内」等をお送りいたします(年に数回を予定)。
ご承諾いただける方は右の□の中に✓をご記入ください。　□

注文書

月　　日

書　名	定　価	部　数
	円	部
	円	部
	円	部
	円	部
	円	部

配本は、○印を付けた方法にして下さい。

イ．下記書店へ配本して下さい。
(直接書店にお渡し下さい)

(書店・取次帖合印)

書店様へ＝書店帖合印を捺印下さい。

ロ．直接送本して下さい。

代金(書籍代＋送料・代引手数料)は、お届けの際に現品と引換えにお支払下さい。送料・代引手数料は、1回のお届けごとに500円です(いずれも税込)。

＊お急ぎのご注文には電話、FAXをご利用ください。
電話03−3813−9151(代)
FAX 03−3812−3544

（ご注意）

・この用紙は、機械で処理しますので、金額を記入する際は、枠内にはっきりと記入してください。また、本票を汚したり、折り曲げたりしないでください。

・この用紙は、ゆうちょ銀行又は郵便局の払込機能付きＡＴＭでもご利用いただけます。

・この払込書を、ゆうちょ銀行又は郵便局の渉外員にお預けになるときは、引換えに預り証を必ずお受け取りください。

・ご依頼人様からご提出いただきました払込書に記載されたおところ、おなまえ等は、加入者様に通知されます。

・この受領証は、払込みの証拠となるものですから大切に保管してください。

収入印紙
課税相当額以上
貼　　付

印

この用紙で「本郷」年間購読のお申し込みができます。

◆この申込票に必要事項をご記入の上、記載金額を添えて郵便局でお払込み下さい。

◆「本郷」のご送金は、４年分までとさせて頂きます。

※お客様のご都合で解約される場合は、ご返金いたしかねます。ご了承下さい。

この用紙で書籍のご注文ができます。

◆この申込票の通信欄にご注文の書籍をご記入の上、書籍代金（本体価格＋消費税）に荷造送料を加えた金額をお払込み下さい。

◆荷造送料は、ご注文１回の配送につき500円です。

◆キャンセルやご入金が重複した際のご返金は、送料・手数料を差し引かせて頂く場合があります。

◆入金確認まで約７日かかります。ご諒承下さい。

※現金でお支払いの場合、手数料が加算されます。通帳またはキャッシュカードを利用し口座からお支払いの場合、料金に変更はございません。

※領収証は改めてお送りいたしませんので、予めご諒承下さい。

お問い合わせ　〒113-0033・東京都文京区本郷７―２―８
吉川弘文館　営業部
電話03-3813-9151　FAX03-3812-3544

この場所には、何も記載しないでください。

払込取扱票

02 東京

通常払込料金加入者負担

口座記号番号	金額
00100－5－244	千 百 十 万 千 百 十 円 ※

加入者名	料金	備考
株式会社 吉川弘文館		

ご依頼人・通信欄

フリガナ

※お名前

郵便番号　電話

※ご住所

※

〈この用紙で書籍代金ご入金のお客様へ〉
代金引換便、ネット通販ご購入後のご入金の重複が増えておりますので、ご注意ください。

各票の※印欄は、ご依頼人において記載してください。

◆「本郷」購読を希望します

購読開始　　号 より

1年 1000円（6冊）　3年 2800円（18冊）
2年 2000円（12冊）　4年 3600円（24冊）
（ご希望の購読期間に○印をお付け下さい）

日附印

裏面の注意事項をお読みください。（ゆうちょ銀行）（承認番号東第53889号）

これより下部には何も記入しないでください。

切り取らないでお出しください。

記載事項を訂正した場合は、その箇所に訂正印を押してください。

振替払込請求書兼受領証

口座記号番号	00100－5 通常払込料金加入者負担 244
加入者名	株式会社 吉川弘文館
金額	千 百 十 万 千 百 十 円 ※
ご依頼人	おなまえ ※　様
料金	日附印
備考	

この受領証は、大切に保管してください。

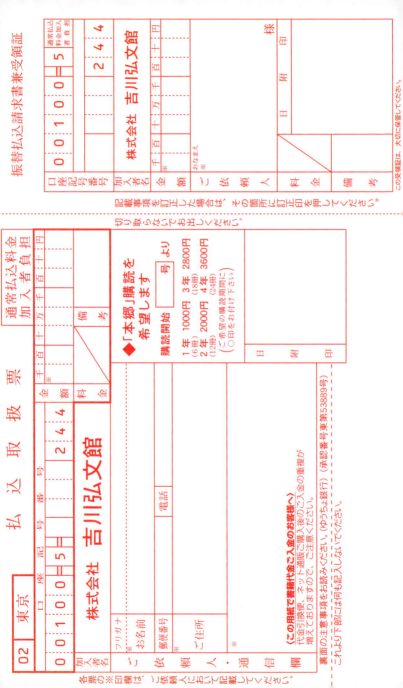

華人社会が形成されていた東南アジアへは明との朝貢貿易と同様、久米村の華人が先導するかたちで通交を展開していた。東南アジアでは現地人とは別に華人が政権を樹立し、コミュニティを作っていた。華人政権であったスマトラ島のパレンバン（旧港）へは、日本の九州探題・渋川道鎮*の依頼によるパレンバン漂着民送還のため、王相の懐機が前面に立つかたちで使節が派遣された。

懐機はパレンバンまでの航路を熟知する火長がいなかったため漂着民の送還をためらっていたが、尚巴志はシャムに向かう琉球船に乗せて、シャムからパレンバンへ転送させよとの命で、漂着民は送還された。だが無事に帰国できたか定かでなかったため、宣徳三年（一四二八）に直接パレンバンに使節を派遣したのである。以来、正統五年（一四四〇）まで数度にわたり通交が行われた。この通交のきっかけはあくまでも漂着民送還という突発的な出来事であったが、その後も関係を継続した真の目的は東南アジアで新たな市場を開拓することにあったと考えられる。この時期、琉球は貿易品の官売制をめぐってシャムとの関係が悪化していたことも影響していたはずである。

明より「旧港宣慰使《せんいし》」*に任じられたパレンバンのリーダーは国王よりワンランク格下であり、懐機による外交は、琉球国王に次ぐ地位の王相と対等な関係であることと、また両者の華人同士によるネットワークの活用が考慮されてのことであった。パレンバンの宣慰使は広東出身の施氏がその地位を世襲していた。当然、外交文書

---

* **渋川道鎮**　一三七二〜一四四六年。渋川満頼。九州探題。備中・安芸・摂津・肥前・豊前の守護。

* **宣慰使**　一四〇七年、パレンバン（旧港）のリーダー、施進卿が明より任命された称号。

は漢文形式のものが送られ、実際の交渉も中国語で行われたとみられる。

また懐機は一四三八年以前、シャムの「蜜讃知道《みつさんちどう》」という「中人（華僑のことか）」から書と酒を贈られており、東南アジアに広がる華人ネットワークとつながっていたことがうかがえる。

このほかにも、実際の東南アジア交易の現場で活躍した久米村の華人を紹介しよう。紅英《こうえい》*は福建省福州の出身で、遅れて尚徳王代に来琉したとみられる。天順八年（一四六四）に通事としてシャムへ渡航し、成化三年（一四六七）、成化四年（一四六八）には二年連続でスマトラ*へ赴いている。さらに成化九年（一四七三）にはシャムへ向かったが、帰国の途中に広東沖で台風に襲われ破船し、船板につかまりながら福建地方へ漂着し、命からがら帰国している。そして正徳一三年（一五一八）には火長としてスンダ（ジャワ島）へ渡航し、胡椒や蘇木を購入している（『歴代宝案』）。彼は約五十年にわたり、もっぱら東南アジア貿易のみに従事した人物であった。

ポルトガル人の記した「レキオ」　琉球の東南アジア通交は十六世紀初頭にある変化が訪れる。取引先のマラッカが正徳六年（一五一一）、ポルトガルによって征服されてしまったのである。

マラッカはインド洋と南シナ海地域を結ぶ要衝であったことから、東南アジアの中央市場、国際的な中継港として活況を呈し、交易品を求め西はエジプトのカイロから東はモルッカ諸島、さらに北は中国にいたるまで実に八十四の言語を話す人々

---

* **紅英**　久米村紅氏の元祖。福建省福州の人。童名は真次良。

* **スマトラ**　現インドネシアのスマトラ島。十〜十六世紀までにパレンバンや三仏斉、アチェーなどの政権が興隆した。アチェーは一五一一年マラッカ陥落後、マラッカ海峡の中継地として栄えた。

が港町に集まっていた。マラッカは明の鄭和《ていわ》によるアジア・アフリカ遠征で大船団の前線基地となったことが発展の契機となった。永楽三年（一四〇五）には明朝に入貢を果たし、十五世紀半ばにはイスラム教を受容し、西方のムスリム商人との結びつきも強めた。

こうしたマラッカの繁栄に終止符を打ったのが、ヨーロッパのポルトガルであった。大航海時代、ポルトガルは黄金や胡椒などアジアの富を求めて、いち早く東方に進出した。十五世紀末にポルトガル―インド航路を確立、インド総督アフォンソ・デ・アルブケルケ*は正徳六年（一五一一）、強大な軍事力でマラッカを滅ぼし、アジア進出の拠点とした。

ポルトガルの征服によって、マラッカに一極集中していた東南アジアの交易ネットワークはパタニ・アチェ・バンテンなどさまざまな港湾都市に多極化し、マラッカから拠点を移した多くの商人たちとともに、琉球人もマラッカへ二度と足を運ぶことはなくなった。

だがマラッカ陥落後にポルトガル人たちは東南アジアにおける琉球人の様相を記録に残している。トメ・ピレス*は著書『東方諸国記』のなかで、琉球人を「レキオ」または「ゴーレス（刀剣を帯びた人々）」と呼んでいる。彼らは豊富な交易品をマラッカに持参し、色白で良い服装をし、気位が高く勇猛であったことも記している。ピレスは琉球人たちを実見したわけではなく、すでに彼らがマラッカを去った後、

＊ **アフォンソ・デ・アルブケルケ**　一四五三～一五一五年。ポルトガルのインド総督。一五一〇年、インドのゴア占領。

＊ **トメ・ピレス**　ポルトガルのリスボンに生まれ、一五一二年、マラッカのポルトガル商館に勤務。一五一二～一五一五年頃、『東方諸国記』を著す。一五一七年に明に派遣されるも投獄され客死。

人々の話す二次情報を書き留めたのであった。東南アジアでは多くの人々が、ピレスが記したように「レキオ」を畏怖していたことがわかる。

またピレスはマラッカにおける琉球人について次のように記している。「かれら（琉球人）は金箔を置いた筥《はこ》やたいへん贅沢で精巧な扇、刀剣、かれらの独特のあらゆる種類のたくさんの武器を製造する」「レケオ（琉球）人がマラッカへ携えて来る商品。主要なものは黄金、銅、あらゆる種類の武器、小筥、金箔を置いた寄木細工《よせぎざいく》の手筥、扇、小麦である」「レキオ人は一ふりが三十クルサドの価格の刀剣をたくさん携えて来る」と。ポルトガル人の記録も『歴代宝案』の世界には現われてこない貿易品が存在したことを示唆している。またピレスは「（琉球人が）代金を受け取るさい、もし人々がかれらを欺いたら、彼らは剣を手にして代金を取り立てる」とも述べている。

『アルブケルケ伝』には「ゴーレスの本国はレケア（琉球）である。人々は色白で、長衣をまとってトルコ風に装い、やや細身の長剣と四十二センチほどの長さの短剣を帯びている。勇猛な彼らはマラッカで恐れられている」とある。

天順六年（一四六二）、朝鮮王朝を訪れた琉球使節の普須古は琉球の風俗について朝鮮側に供述しているが、そのなかで「本国の俗、死を軽んずるを尚《とうと》ぶ。進むを知りて退くを知らず」と述べ、またその前年、琉球に漂着した肖得誠《チョトウクソン》*らの証言によると、琉球人は「常に大小二刀を佩し、飲食起居するに身より離さず」という（『朝

＊ **肖得誠**　朝鮮全羅道の羅州より一四六一年一月二十四日に出船し、二月四日、宮古島に漂着。同年、普須古らによって朝鮮に送還。

鮮世祖実録』)。

十五〜十六世紀の琉球人は日常的に大小の刀剣を腰に差しており、なお「戦国」の気風が残されていたことがうかがえる。こうした気風は、後述するが荒ぶる琉球人による「琉僑*」問題を引き起こすことになったと考えられる。

二　倭人ネットワークと日本・朝鮮貿易

対日通交　琉球の対日通交は十五世紀初頭からその存在が確認できる。日本の室町幕府とは朝貢体制下の対等な国王間外交ではなく、中世日本の世界観にもとづき琉球を下位とし、国王が「世の主」を名乗る独自の上下関係のなかでの外交であった。

足利将軍からの琉球世の主宛ての文書は仮名書き、日本国内で使用される上意下達文書の「御内書」様式に準じたものだったが、日本年号と「徳有隣」印を使用して外交文書としての体裁を整えつつ、料紙を琉球使用のサイズに合わせるなど琉球側の文書様式も踏襲したものであった。

琉球世の主からの外交文書は、日本の中世文書の文体（和様漢文）で書かれた披

＊ 琉僑　十五〜十六世紀、中国に長期滞在、定住した琉球人を指す造語。

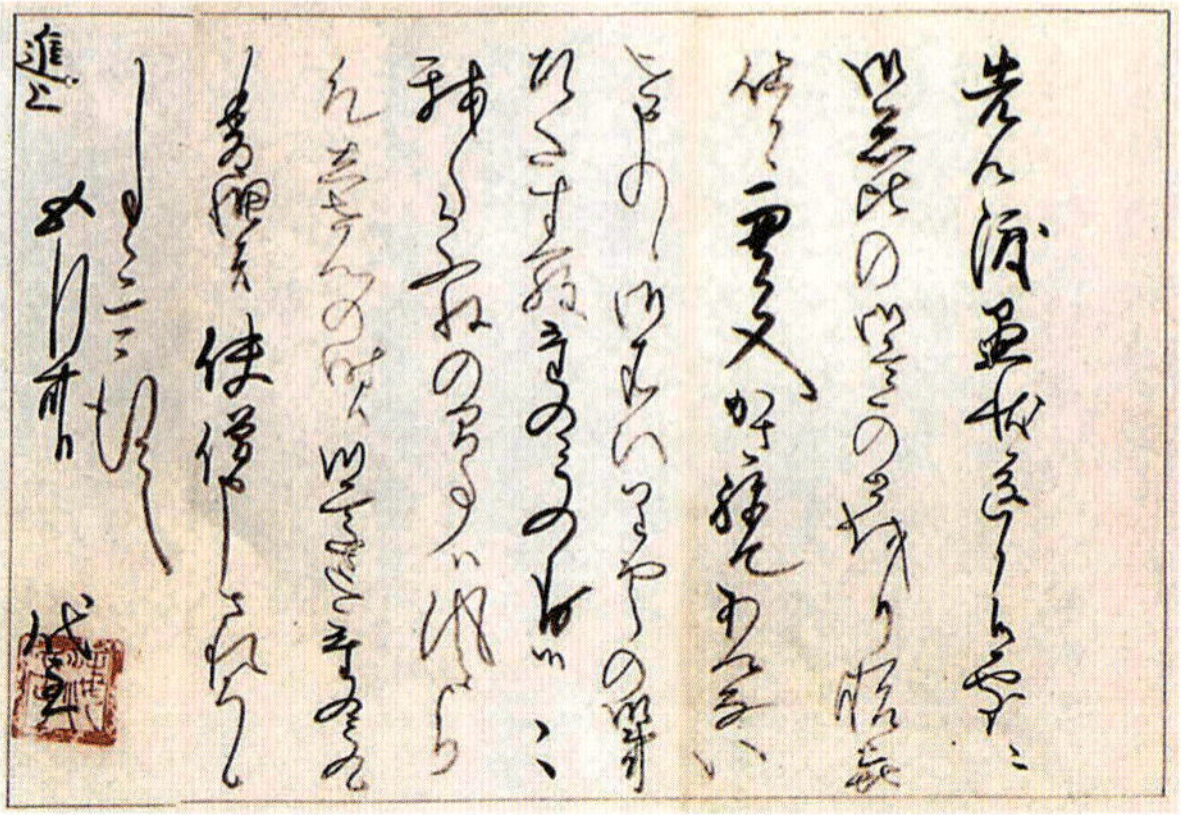

琉球代主書状（影写文書） 阿多文書、一部加工、東京大学史料編纂所所蔵

露状形式の上中文書であった。文書上からみると琉日両国の上下関係がそれぞれの合意のもとで成立していたことがわかる。

中世の日本では明は対等、朝鮮や琉球は格下として蔑視する独自の世界秩序の意識を持っていた。琉球は日本側が設定していた「小中華秩序」にあえて寄り添うことによって、琉球は日本との通交・貿易を可能にしていた。

ただし両者の関係は実質的な支配・被支配の関係にあったわけではなく、あくまでも貿易の便宜をはかるためのポーズであり、それは中世、朝鮮王朝に「朝貢」形式で貿易をする西日本各地の領主、また明朝皇帝から「日本国王」として冊封された足利将軍（室町殿）が遣明船を派遣して朝貢貿易を行うのと似たような通交形態といえよう。

一五世紀前半の琉球使節船の派遣はほぼ毎年行われる積極的なもので、日本で「唐物《からもの》」*と呼ばれた中国・東南アジア産品（絹織物や胡椒・香木など）をもたらした。

＊ **唐物**　中国・東南アジア産物。中世の日本ではこれらを一括して「唐物」と呼んだ。

また明朝より支給されていた大量の銅銭も琉球経由で日本へ流入した。背景には足利義持によって断絶した日明関係があり、琉球が「唐物」入手の代替ルートとして重要度が高まったことが影響したとみられる。日本から入手した交易品は主に日本刀や扇子、屏風などであった。

一五世紀前半には活発だった琉球からの日本への派遣船だったが、応仁・文明の乱（一四六七〜七七）による瀬戸内海航路の不安定化と、細川氏が実施する兵庫津での貨物点検制度に対して琉球側の改定要求が挫折したことが要因となり、以降、琉球使節の畿内渡航はほぼ途絶することになった。琉球は細川氏に対し交渉を試みるも不首尾に終わり、ついに日本の市場から撤退したのだ。琉球の室町幕府に対する姿勢はきわめてビジネスライクなもので、純粋に日本を慕い「朝貢」していたわけではなかったことがわかる。

堺商人の琉球渡航と禅宗ネットワーク

だがこの通交の途絶で対日交流が完全になくなったわけではない。日本からは多数の民間商船が那覇を訪れており、十五世紀中頃以降は博多・堺商人が「唐物」調達を目的に来航した。

文明年間（一四六九〜八六）以降、琉球船の畿内渡航がほぼ途絶して中国・東南アジア産品が入手困難になると、その調達のため堺から琉球への商船が増加した。たとえば文明六年（一四七四）、堺商人湯川宣阿《ゆかわせんあ》らが遣明船に搭載する南海産物を入手するために琉球へ渡海している。

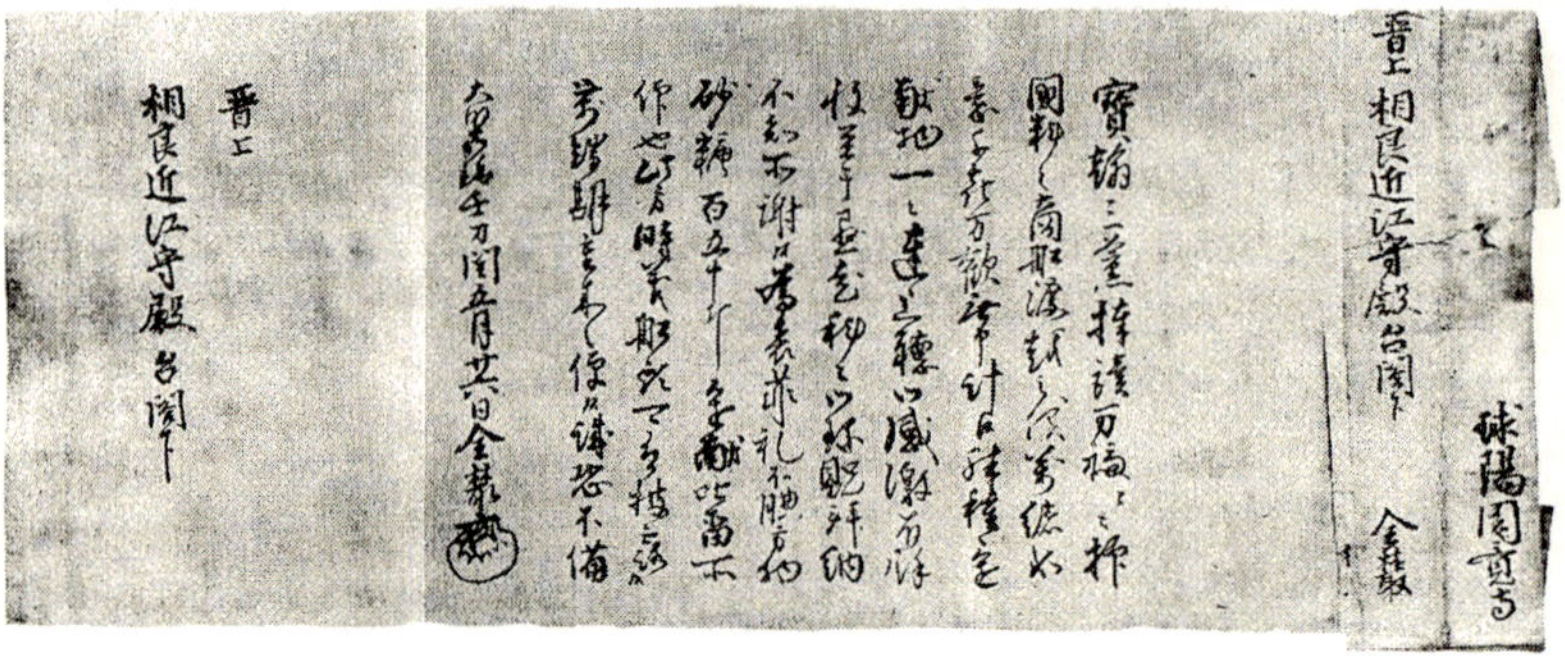

相良義滋宛円覚寺住持書状　相良家文書、慶応大学所蔵

この畿内から琉球への民間商船の動きに対し、管領の細川氏は印判制による渡航船の統制をはかろうとしていた。堺商人はまた禅宗大徳寺派と密接な関係を持っており、琉球禅林における大徳寺派の流入もうながした。

対日交流の海域ネットワークに乗り、禅僧も日本から渡来し、王府保護のもと寺院の住持や対日外交僧としても活躍した。

代表的な禅僧が、京都南禅寺の流れを汲む芥隠承琥や檀渓全叢*などである。彼らは琉球使節として室町幕府をはじめとした対日交渉に派遣された。琉球王府は国境を越えた禅宗ネットワークを活用するかたちで対日外交を展開したのである。対日外交文書の作成などにも禅僧らが関わったようだ。文正元年（一四六六）、芥隠承琥は琉球船の貨物点検制度の改定問題について協議すべく中山王尚徳の使者として京都を訪れ、足利義政に謁見してい

* **檀渓全叢**　薩摩出身の禅僧。南禅寺二世の規庵祖円の派下に属し、雲夢崇沢の法嗣となる。琉球に渡来し、天王寺、円覚寺の住持となる。

る。また芥隠は旧知の仲であった蔭凉軒《いんりょうけん》主の季瓊真蘂《きけいしんずい》*に明の「梅月大軸*」を贈っている。彼らは異なる国にありながら禅宗ネットワークでつながった存在であった。

檀渓全叢は薩摩出身で南禅寺二世の規庵祖円《きあんそえん》の派下に属した禅僧で、琉球に渡来し天王寺住持をつとめ、大永三年〔嘉靖二年〕（一五二三）の細川氏・大内両氏の間で勃発した寧波の乱後の日明国交の回復を仲介した禅僧であった。彼は後に円覚寺住持となり、嘉靖二十一年（一五四二）に肥後の相良義滋《さがらよししげ》*から貿易船派遣の依頼を受け、承諾の旨を伝えている（『相良家文書』）。円覚寺は琉球僧録として対日外交機関としての性格も備えており、檀渓は琉球国王の代理人として相良氏に対応したのである。

また万暦三年（一五七五）、薩摩の島津氏へ外交折衝で琉球側の通訳を担当したのは金蔵主*と「ちく*（王府組織ヒキ副長の筑殿）」で、彼らは日本人であった（『上井覚兼日記』）。我那覇《がなは》親雲上《ぺーちん》秀昌《しゅうしょう》*は万暦十七年（一五八九）、天龍寺《てんりゅうじ》桃庵《とうあん》*とともに京都聚《じゅ》楽第《らくてい》の豊臣秀吉のもとに琉球の使者として派遣されたが、祖父は日本僧で祖母・母も日本人であった。彼は日系の家に育ち日本語が堪能だったとみられ、万暦三十七年（一六〇九）には日本語通訳の「大和通事」に就いている。このように王府権力は那覇に居住していた日本人たちを登用し、対日外交の一翼を担わせていたのである。

各地の大名権力との関係

一四五〇年代に入ると、博多商人が琉球との通交を

---

* 季瓊真蘂　一四〇一～六九年。臨済宗一山派の禅僧。一四三五年、相国寺蔭凉軒の軒主職（蔭凉職）に就任。
* 梅月大軸　明から琉球国王に贈られた「唐物」の絵画。
* 相良義滋　一四八九～一五四六年。肥後国、永富系相良氏の当主。
* 金蔵主　琉球に居住した日本僧。詳細は不明。「蔵主」は禅宗の僧職。
* ちく　王府組織「ヒキ」の副長、筑殿。
* 我那覇親雲上秀昌　牛氏三世。一五八九年、綾船脇筆者として天龍寺桃庵とともに豊臣秀吉のもとへ赴く。一六〇五年、福州から平戸に漂着。帰途の鹿児島で琉球侵攻計画を通報。
* 天龍寺桃庵　桃庵祖昌。天龍寺の住持。のち円覚寺住持となる。天龍寺は十五世紀中頃に創建された臨済宗の寺院。

活発化させた。代表的な商人に道安*や佐藤信重*などがいる。彼らは朝鮮—対馬・博多—琉球間を活動するなかで琉球王府の対朝鮮外交にも関わることになる（後述）。

幕府管領の細川氏は十五世紀初頭より琉球との接触を持ち、十五世紀中頃には琉球船の貨物点検制度を設定し自らに有利な貿易取引を行っており、琉球側はその改定を求めていた。細川氏は印判制によって畿内から琉球への渡航統制もはかっていたようである。

つづいて山口の大名である大内氏も遣明船に搭載する南海産物調達のために十五世紀中頃の大内教弘《おおうちのりひろ》*の代から琉球との積極的な通交に乗り出した。次の政弘《まさひろ》*の代には琉球の天界寺住持の外交ルートを通じて琉球国王と接触をはかった。当時の天界寺住持は、政弘が幼少の頃に山口に滞在しており、彼と旧知の仲であったからだ。ここでも禅宗ネットワークが活用されたのである。やがて大内氏は一六世紀前半には南九州東岸の要港を押さえる島津豊州家を介して対琉球交渉の主導権をにぎった。

このような状況を背景に、大内氏領国から民間諸勢力も渡来したとみられる。十五世紀後半には尚泰久王の仏教政策により、琉球で大量の梵鐘《ぼんしょう》が集中的に鋳造されるが、これらの大半が北九州系（小倉・芦屋）鋳物師《いもじ》の製作とみられている。円覚寺の二つの梵鐘を鋳造した大和相秀は周防国防府の鋳物師で、大内氏の氏寺である興隆寺の梵鐘も製作している。この時期の大内氏と琉球には深いつながりがあったようだ。

＊**道安**　十五世紀中頃、朝鮮・博多・琉球間を活動した商人。尚金福王の依頼で一四五三年、朝鮮へ漂着民を送還。九州・琉球間の航路図を献上した。以来七回朝鮮へ渡航。

＊**佐藤信重**　博多商人とみられる。一四七一年、琉球の使者として朝鮮に赴いたが、この時の遣使は『歴代宝案』の咨文では平義重となっており、琉球より外交を委託された義重からその権益を譲り受けたとみられる。

＊**大内教弘**　一四二〇〜六五年。山口の大名。周防・長門ほかの守護。一四四一年、大内持世が嘉吉の乱で死んだため家督を継いだ。

＊**大内政弘**　一四四六〜九五年。山口の大名、大内教弘の子。周防・長門ほかの守護。一四六七年、応仁の乱では山名方の西軍として戦った。

薩摩の島津氏も十五世紀前半には何らかの貿易関係を持っており、中国・東南アジア産物を入手していたが、十五紀後半の島津氏は琉球と単独の関係を持っていただけでなく、室町幕府や細川氏などの琉球通交の仲介的役割を果たしていた。一四五〇年代には領域拡大をはかる琉球の動きがあり、トカラ列島の領有をめぐって琉球との関係が悪化していた。だがこの関係は十五世紀後半には修復される。

十六世紀になると南九州地域からは種子島氏やトカラ列島の七島衆*など、さまざまな海上勢力が渡航していった。

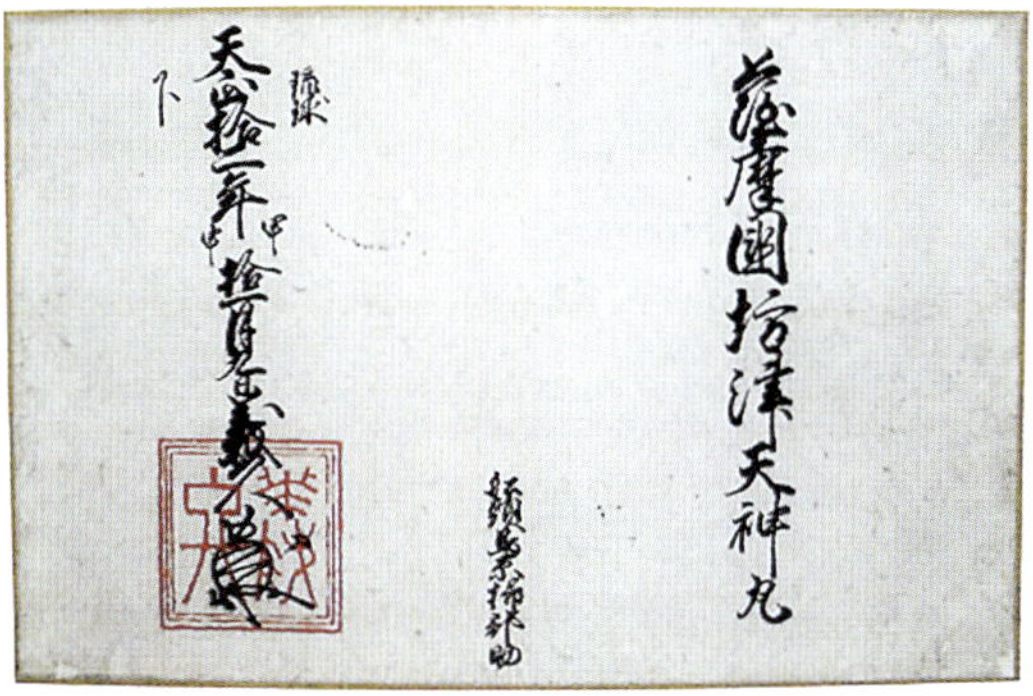

琉球渡海朱印状　坊津歴史資料センター輝津館所蔵

十五～十六世紀の島津氏は本宗家で守護職を持つ奥州家と、薩州家、相州家、豊州家などの庶家に分かれ、さらに領国内には一族出の御一家衆や島津氏に敵対する国人衆などが割拠して争っていた。

こうした状況下で琉球通交は本宗家に一元化されず、豊州家のように独自に琉球国王と関係を結ぶこともあった。各勢力は琉球に対して下位に立ち、貿易の許可をもらう「朝貢」的な関係だったようだ。本宗家である奥州家は印判《いんばん》制による琉球渡航の独占をもくろみ、領国内での

＊　**七島衆**　トカラ列島を拠点とする海上勢力。南九州と琉球間の交易や情報伝達などをおこない、中世、琉球と島津氏の両方に臣従するような「境界」的な存在であった。

求心力を復活させようとするが、琉球は合意せず、島津氏の印判制度は後の義久《よしひさ》の代で実現する。

対朝鮮通交

琉球の対朝鮮通交の特徴は、当初、琉球側が下位に立つ「朝貢」的通交であったこと、倭寇に拉致された朝鮮被虜人や漂着民の送還を名目に行われたこと、基本的に対馬・博多の海商勢力に便乗する通交形態であったこと、である。

使節派遣は高麗王朝時代の洪武二十二年（一三八九）、中山王察度より開始された。この初通交は、一三六〇年代には存在していた琉球―対馬・博多間の民間交流ルートを前提に行われたとみられる。琉球側は「臣」を称して高麗を上位とする関係であった。これもまた琉球と日本の関係と同様、明の冊封・朝貢関係とは異なる「特殊」なあり方である。

この上下関係は、朝鮮王朝となった永楽七年（一四〇九）、中山王思紹より朝貢国間で使用される「咨文」による対等外交へと変更される。だが朝鮮側では明朝との朝貢関係と、日本・琉球などの外交関係を峻別しており、琉球の外交姿勢は問題視された。

琉球は東南アジアに向けた文書と同様に、中国の対等官庁間で使用される公的文書「咨文」を採用したが、朝鮮側は官庁を対称とした文書を国王に宛てるのは不適当と判断した。琉球との関係は国王対国王の関係として対応すべきと考えていた朝鮮は琉球の使用する「咨文」で返さず、個人が対応する「書」という形式でこれに応じた。

朝鮮王朝は琉球を明の朝貢国として認識しつつも、朝鮮独自の「小中華」的外交秩序のなかでとらえていた側面があった。琉球の来航は当初、朝鮮側で「入貢」「来朝」と表現し、琉球を倭人や野人（女真）とともに「四夷」の一つと位置づけていた。明朝との関係とは違う次元で琉球との関係をとらえていたことがわかる。

通交開始後、しばらく琉球は直接、貿易船を朝鮮へ派遣していた。だが永楽十九年（一四二一）、朝鮮へ向かう琉球船が対馬の海賊に襲撃され、大きな被害を生じた（『朝鮮世宗実録』）。これ以降、琉球は朝鮮へ直接、船を派遣することはなくなってしまう。『歴代宝案』によると、この事件以降、琉球船は防衛のための武器を搭載するようになったという。

十年後の宣徳六年（一四三一）、琉球はふたたび朝鮮へ使節を派遣したが、この時の派遣船の主は「対馬の賊首」と呼ばれた早田《そうだ》六郎次郎《ろくろうじろう》*であった。彼は対馬の豪族、早田左衛門太郎の子で、この頃の早田氏は対馬島主の宗氏をしのぐほどの実力者となっている。六郎次郎は交易のため那覇にたまたま滞在していたが、琉球はこの機会を利用し、彼の商船に便乗して朝鮮を訪れたのである。琉球は彼らを「警固」として雇い、単独で向かうには危険な対馬海域を通過したようだ。

琉球は中世日本で一般に行われていた社会慣行を活用して海賊衆（倭寇）を味方につけ、最も安全な方法で朝鮮王朝との通交を再開したのである。この便乗・委託

＊　**早田六郎次郎**　対馬島の豪族。早田左衛門太郎の子。妻は朝鮮慶尚道の人。

方式は以後も踏襲され、琉球の対朝鮮通交の基本スタイルとなる。

顕著な例をあげると、弘治十三年（一五〇〇）に朝鮮へ向かった琉球使節船は四隻で四百七十人の大使節団だったが、琉球人は正副使の梁広*・梁椿*をはじめとした官人と従者が二十二人だけで、残りは全て「倭人」だった（『朝鮮燕山君日記』）。琉球使節は朝鮮までの水路に熟知していなかったため、琉球に滞在していた日本の客商の船に便乗したと述べている。

朝鮮側から琉球への遣使はきわめて少なく、永楽十六年（一四一六）に前護軍の李芸が倭寇に拉致された被虜人を琉球から送還する目的で派遣されたのをはじめとして数回しか確認されていない。琉球からの被虜人の送還には、朝鮮出身にして「倭人」の金元（源）珍ら「境界人」も活躍している。彼は朝鮮王朝や肥州太守源義の使者としても登場する。どこの国にも専属せず、国境をまたいで活躍する「外交エージェント」ともいうべき存在であった。

博多商人と偽使

一四五〇年代になると、博多商人が琉球王府から委託され対朝鮮外交を担っている。彼らは琉球国王より明朝式の冠服を賜わり、一時的に国王の「臣下」となって琉球の外交文書を持って朝鮮へ向かったようだ。

道安は景泰四年（一四五三）、琉球の依頼により漂着民送還のため朝鮮へ向かった。この時、朝鮮に「博多・薩摩・琉球相距地図」を献上している。以来たびたび通交し、親子二代にわたり七回、朝鮮へ渡航した（偽使の場合も含む）。琉球で東南アジ

* 梁広　久米村呉江梁氏。一四九七年、通事として明へ渡航している。

* 梁椿　久米村呉江梁氏。一五〇四年から一五三三年まで四度渡明。一五三〇年に東南アジアのパタニへ渡航。

ア産の胡椒を仕入れ、日本産の銅とともに持っていき、朝鮮で木綿を入手するという交易活動を展開した。博多商人にとって「琉球国王使」を名目とする通交は絶好の貿易機会であり、琉球王府と日本の海商は相互依存の関係を築いて朝鮮との外交・交易を進めたのである。

だが、このような委託関係の構造が、海商たちによる琉球国王の「偽使《ぎし》」を創出する要因にもなってしまう。博多商人らは単独で朝鮮へ赴き、琉球国王の使者と偽って交易を幾度となく行うようになる。そして外交委託による交渉ノウハウを蓄積していた彼らは、驚くべきことに自ら朝鮮王朝に掛け合って偽使による「琉球と朝鮮の通交ルール」を提案するまでにいたった。

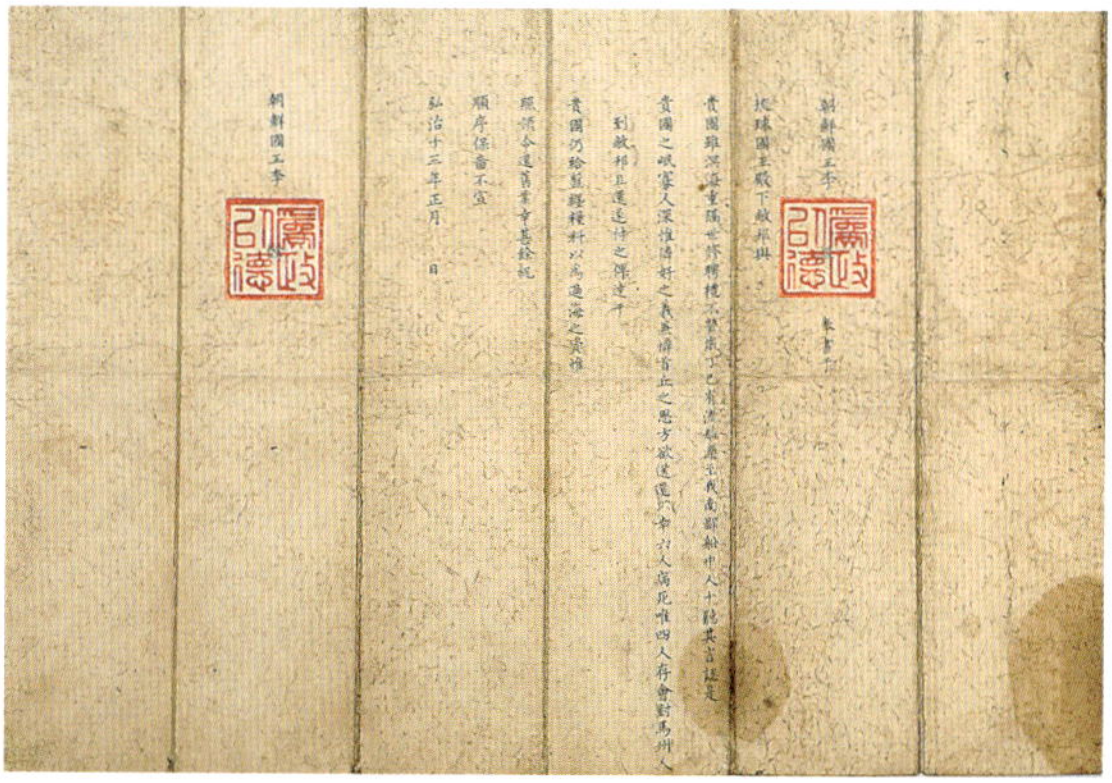
琉球国王宛朝鮮国書　1500年、重要文化財、都城島津邸所蔵

佐藤信重は自端西堂とともに成化七年（一四七一）、正式に「琉球国王使」として依頼された平義重《たいらのよししげ》とすり変わり、託された国王の咨文ではなく「書契《しょけい》」＊という文書を使い、朝鮮との交渉にのぞんだ。おそらく信重は義重から外交権益を譲られたとみられる。また信

＊**書契**　朝鮮で使用された文書の一形式。朝鮮王朝から日本の各勢力や琉球国王宛ての外交文書にも使用された。

重は朝鮮側に割印制を提案した。これらは外交文書に「書契」という文書を使い、割印で「正規」の琉球使節かどうかを判断する方法である。当然ながら当の琉球はまったく関知していない。

博多商人は琉球の関与なしに琉球の外交を実行できるようになり、それを名目に交易活動を行ったのである。博多商人らへの外交委託は琉球側にとって安全に朝鮮通交を行える手段であったが、反面、偽使という副作用も生んでしまったのである。偽使にとって幸いだったことに、琉球人自身の使節は天順五年（一四六一）から弘治十三年（一五〇〇）まで派遣されず、朝鮮で鉢合わせることはなかった。

琉球の対朝鮮通交は、琉球側の積極的な働きかけによるところが大きい。通交は主に、倭寇に拉致された朝鮮被虜人や漂着民の送還を名目に行われていた。琉球には倭寇に拉致された人々が多数やって来ていた。それは琉球の那覇が当時の環シナ海地域の交易都市であり、各地からヒト・モノが集まる場所であったからだ。琉球は彼らを送還することで、朝鮮との交易の機会を作ったのである。対して朝鮮側は送還に関心は持っていたものの、「琉球国に遣使せんと欲するも、その海険遠なるをもって皆往くを欲せず」（『朝鮮太宗実録』）と、困難な道程を理由に、琉球への使節派遣はほとんど実現しなかった。

また琉球が積極的に通交を行った目的の一つが高麗版大蔵経《だいぞうきょう》*の獲得であった。中世には日本の諸勢力がさかんにこれを求請し、とくに将軍以下の幕府要人にとっ

＊ **高麗版大蔵経**　高麗時代の一二五一年、高宗によって作られた大蔵経。中世、室町幕府や各地の諸勢力が朝鮮王朝に求めた。

て朝鮮通交の第一の目的がこの経典の入手にあった。

十五世紀初頭までに仏教が浸透していた琉球でも仏典そのものが国家鎮護の源泉として観念されており、その獲得は悲願であったと考えられる。景泰六年（一四五五）に琉球使節の道安が下賜を要請した大蔵経は天順元年（一四五七）に琉球へ初めてもたらされた。この求請は巨刹・天界寺の建立と関連していたようだ。

天順五年（一四六一）、琉球は普須古・蔡璟を派遣し、天界寺に納める不足分の経典を改めて求請している。なお成化三年（一四六七）にも琉球使節の僧同照と東渾らが経典類を得ている。弘治十三年（一五〇〇）に派遣された梁広・梁椿の目的も大蔵経の獲得であり、円覚寺建立にともない経典を必要としたためであった。大蔵経の獲得以後、琉球から朝鮮への積極的な派遣はなくなり、十六世紀以降は朝貢先の北京で交渉をするかたちへと変わっていった。

三　海域アジアの「倭寇的状況」と琉球

中継貿易の衰退

これまで述べてきたように、琉球の外交・交易活動は、港湾都市那覇の外来勢力を活用し、明の冊封・朝貢体制をある程度の前提としつつも、東アジア各地域の設定する多元的な世界秩序を使い分けるかたちで展開された。だが、こうした琉球の中継貿易も、やがて陰りが見え始めてくる。第Ⅰ章でも述べたが、琉球の朝貢貿易は遅くとも一四五〇年代以前が最盛期であり、派遣回数は七〇年代にかけ減少、八〇年代には二年一貢でほぼ安定する。これに対して五〇年代以降、福建で従来の二倍大以上の船を購入・建造していくものの、一五二〇年代以降は自国建造の小型船に変わり、乗員数や積載量も半減していく。

この背景には、明朝がそれまで琉球に行っていた貿易優遇策の後退があった。中国沿岸を襲った倭寇問題が収束すると、明朝は琉球を優遇しておくメリットがなくなっていったのである。

一四七〇年代以降には朝貢制限に加え、中国で琉球人をめぐるトラブルと「琉僑」問題が相次いだ。この時期、中国に渡航した琉球使節が帰国せず、福州に定住する者が後を絶たなかった。成化八年（一四七二）、福州の官人はこれらの問題を上奏し、全員を帰国させるよう求めている。そのような中、成化十年（一四七四）には琉球使節による福州懐安県民の強盗殺害事件が発生した。事態を重くみた明朝は琉球の朝貢頻度を二年一貢に制限し、船の定員も百五十名程度に限定、私的な交易品売買も禁止された。成化七年（一四七一）に蔡璟が禁制の蟒龍《ぼうりゅう》*の服を作っていたこともあわせて問題視された。

なお同じ頃の成化六年（一四七〇）にはマラッカ国王より、琉球使節の通事以下

---

* 蟒龍　龍に似た大蛇。蟒龍の服は明朝皇族以外、着用を禁止されていた。

の船員が非法行為を行い、勧諭《かんゆ》*を聞かず争闘を行い、州府をかき乱していると報告されている（『歴代宝案』）。荒ぶる琉球人たちが各地でトラブルを頻発している様子がうかがえる。

二年一貢は琉球側の懇願により正徳二年（一五〇七）に一年一貢に一時戻されたが、やがて嘉靖元年（一五二二）にふたたび二年一貢になり、以降は変更されることはなかった。また比較的自由だった入貢経路も福州に固定化された。

さらに琉球の朝貢貿易業務の支援集団として位置付けられていた「閩人《びんじん》三十六姓」も土着化や人材の老齢化・子孫断絶が進み、居留地の久米村も衰退へ向かった。それまで対外交易を担っていたスタッフたちがいなくなってしまい、十六世紀末期には長距離の外洋航海すら満足に行えない事態となっていった。

国営中継貿易を行っていた琉球は、明朝の優遇策の後退により苦境に立たされていたが、とくに隆慶元年（一五六七）の海禁解除以降、漳州月港*から押し寄せる多数の民間商船にマ

石見銀山　石見銀山世界遺産センター

＊勧諭　すすめさとすこと。

＊月港　中国福建省漳州に位置する港。十六世紀、密貿易の拠点となり、一五六五年、海防強化のため海澄県が新設。一五六七年、月港を開港して民間の海外貿易を一部許可した。

ーケットを奪われ、大きな痛手をこうむった。

嘉靖の大倭寇と銀をめぐる交易ブーム

　この背景には中国における貨幣経済の浸透による銀需要の増大と、嘉靖十二年（一五三三）、日本の石見《いわみ》銀山*で灰吹法導入による爆発的な増産、十六世紀後半の南アメリカのポトシ銀山*の開発があった。銀の取引を中心とした新しい貿易体制は海域アジアに銀をめぐる交易ブームを生み出したのである。そして、その担い手となったのが民間の交易勢力、いわゆる「後期倭寇」であった。その実態は「日本の海賊」というよりも、「武装した民間の多国籍商業集団」ととらえたほうがよい。とくに中国大陸からは、海禁政策を破り渡海する海商が後を絶たなかった。

　海禁政策を守ろうとする明朝は嘉靖三十二年（一五五三）、官軍により倭寇の拠点だった舟山列島の烈港を総攻撃したが、打撃を受け無秩序となった民間交易勢力は統制がきかなくなり、暴徒化した海民集団が中国沿岸の各地を荒らしまわった。いわゆる「嘉靖の大倭寇」*である。

　猛威を振るった倭寇は、明軍の鎮圧によってやがて沈静化に向かい、「倭寇の大頭目」王直《おうちょく》*も謀殺された。だが各地の郷紳《きょうしん》や官僚などからは海禁の解除を求める声が高まっていった。密貿易は倭寇だけでなく、地方官僚や有力者もこぞって参加し、海外の富を集めていたのだ。こうして明朝は隆慶元年（一五六七）、福建省漳州の月港からの海外渡航を容認し、ついに二百年つづいた海禁を一部解除する。明朝

---

* **石見銀山**　石見国迩摩郡にあった銀山。一五三三年、神谷寿禎が灰吹法を導入して大増産が開始された。豊臣秀吉は毛利氏と共同管理し、一六〇一年、江戸幕府は大久保長安を銀山奉行として派遣、直轄地とした。

* **ポトシ銀山**　南アメリカの銀山（現ボリビア）。スペインの植民地下の十六世紀、石見銀山と並ぶ銀の一大生産地となり、アカプルコ（現メキシコ）からガレオン船で太平洋を越えフィリピンへと運ばれた。

* **嘉靖の大倭寇**　一五五三年、密貿易拠点だった浙江省舟山諸島を明の官軍が攻撃した結果、海上勢力は無秩序化。暴徒となって中国沿岸を襲撃した。やがて明の胡宗憲や戚継光の活躍によって沈静化。

* **王直**　?～一五五九年。倭寇の大頭目。安徽省出身。五峰ともいう。塩商から密

は海禁政策の強行が逆に倭寇の跳梁を招き、治安を悪化させている実情を考慮したのである。

海禁解除という政策転換は、その後の海域アジア世界を一変させる歴史的転換であった。漳州の月港は中国国内で唯一、民間による海外交易を公認された貿易港として未曽有の活況を呈するのである。

同じ頃の隆慶五年（一五七一）、マニラにスペイン領フィリピンが成立。太平洋を越えて南アメリカの銀がもたらされた。海禁解除後に漳州から出港して東南アジアへ向かう民間船のうち大半はマニラに渡航し、南アメリカ銀を入手して中国へもたらした。マニラには日本人町や華人居留地が形成された。

この二つの出来事は琉球の中継貿易に大きな打撃を与えたとみられる。隆慶四年（一五七〇）のシャム派遣船の記録を最後に琉球の東南アジア貿易の外交文書は見られなくなる。シャムのアユタヤ*が前年に隣国ビルマのトゥングー朝*に占領されたことも影響したと考えられるが、海禁解除とスペイン領フィリピン成立とほぼ同時期に当たるのは偶然ではないだろう。

東南アジア貿易と琉球の対応

しかし、琉球と東南アジアとの関係は最後に完全に途絶えたわけではない。『歴代宝案』には東南アジア派遣記事がなくなるものの、蘇木など東南アジア産物は実に万暦三十四年（一六〇六）まで進貢物品のリストに見られるし、万暦五年（一五七七）には琉球国王から薩摩の島津義久に東南アジア

貿易に転じ勢力を拡大。日本の平戸にも拠点を持ち、種子島の鉄砲伝来にも関わったとされる。一五五七年、明の胡宗憲に降伏、処刑された。

＊アユタヤ　チャオプラヤー川流域、パーサック川の合流する中洲（アユタヤ島）にあった港市。

＊トゥングー朝　一五三一～一七五二年。ビルマに成立した王朝。ペグーを都とする（十七世紀にアヴァに移る）。一時、アユタヤを勢力下に置いた。

産の蘇木千斤が贈られている（『島津家文書』）。
一五七〇年以降の史料に現われる東南アジア産物は、東南アジア現地で入手した可能性がきわめて高い。琉球士族の家系記録（家譜）によると、万暦二十六年（一五九八）には日本の堺商人で琉球王府に仕えた川崎利兵衛《かわさきりへえ》*（前糸数親雲上宗延《そうえん》）が「南蛮才府」に就いている（『蒙姓家譜』）。「南蛮」とは東南アジア、「才府」とは現地で貿易取引を行う役職である。また万暦年間（一五七三〜一六一九）には「倭人」の自安大円宋治とフィリピン（ルソン）へ交易に向かった新垣筑登之親雲上善房の例がある（『那姓家譜』）。

島津軍による琉球征服後の万暦四十三年（一六一五）、島津家久*が琉球の尚寧《しょうねい》を介してフィリピン総督フワン・デ・シルバ*に書簡を送っているが（『江雲随筆』）、そのなかで琉球とフィリピンが「二十年来、商船通ぜず」と述べ、琉球とふたたび交易することを求めている。逆算すると、十六世紀最末期まで琉球はフィリピンと通交していたことになる。おそらく琉球はシャムのアユタヤ陥落後、東南アジアの一大拠点となったマニラを中心として交易活動を行ったとみられる。

琉球王府は従来の国営中継貿易から、海域世界を往来する民間交易勢力に便乗するかたちへと渡航形態を変化させ、東南アジア貿易を継続しようと貿易体制の立て直しを図っていたとみられる。そのことは十六世紀末に衰退した久米村に代わり、海域世界で活動する民間人たちを新たに採用し、朝貢活動を担わせていたことから

＊川崎利兵衛　童名は千手代。堺出身。一五八一年、茶器を求めて長崎から鹿児島を経由し琉球へ渡来。名護親方良豊に仕え、玉城間切糸数村の地頭に任じられた。子孫は「蒙氏」として士族になった。

＊島津家久　一五七六〜一六三八年。島津忠恒。義弘の三男。兄の久保が朝鮮で病没したため義弘の後継となる。一六〇九年、琉球へ派兵し征服。

＊フワン・デ・シルバ　スペイン領フィリピン総督。一六〇九〜一六年在任。

もうかがえる。

漳州出身の黄紝《こうじん》はもと漁業を営んでいたが、万暦二十三年（一五九五）に倭寇に拉致され薩摩へ連行された。だが同郷の漳州人によって解放され琉球に渡航し、滞在中に王府より通事《つうじ》として進貢使節に参加することを求められ、万暦二十五年（一五九七）に秀吉死去を通報するため琉球使節として福建へ赴いている。漳州人の林元も琉球へ渡り看針舵工（航路案内役）に従事していた。

彼らは琉球の朝貢使節として活躍するいっぽうで、万暦二十九年（一六〇一）に浙江省温州で海賊行為を働き、拿捕《だほ》される事件を起こした（熊普達事件*）。頭目の熊《ゆう》普達《ふたつ》は琉球の正式な「官舎」の職にあり、万暦二十二年（一五九四）に日本への探索から帰国する史世用を護送する使節として明に渡航していた人物であった。

彼らは琉球の公的な官人として朝貢業務などに携わっていても、その実態は民間交易を行う勢力であり、ときには倭寇的活動もいとわない人々であったのである。

対外貿易が衰退するなかで一五七〇年以降、琉球の東南アジア貿易は完全に途絶したのではなく、『歴代宝案』に現れるような朝貢ネットワークから、海域アジアの「倭寇的状況」へと貿易の対応を変化させていた、と表現したほうがより実態に則している。だが必死の対応にもかかわらず、琉球は劣勢を挽回するにいたらなかった。

いっぽう、日本では豊臣政権が誕生し、島津氏を介して「唐入り（朝鮮侵略）」の

---

* 熊普達事件　一六〇一年、琉球の官舎・熊普達ら十九名の乗った船が浙江省温州近海で明の巡視船を攻撃、拿捕された事件。

参加と従属化を強要し、琉球は日明両国の狭間で困難な外交の舵取りを迫られていく。十七世紀に入ると徳川政権が日明講和交渉の仲介を要求。琉球が拒否したため、万暦三十七年（一六〇九）の薩摩島津軍による征服へとつながっていった。

コラム

沖縄の主要港湾

四方を海に囲まれた南西諸島だが、意外にも船が停泊する港は限られていた。サンゴ礁が発達した島々では、船を近づけると座礁・破船する恐れがあったからだ。

十五世紀後半頃の様相を描いた「琉球国図」および『海東諸国紀』所収「琉球国之図」をみると、南九州から伸びる航路とともに主要港湾が記されている。那覇港、泊港（那覇市）、運天《うんてん》港（今帰仁村）、瀬底浦（本部町）、中城湾（うるま市・沖縄市）、長浜港（読谷村）、奥武島《おうじま》付近（南城市）である【次頁図】。これらの地図は琉球に向かう博多商人の地図がもとになっており、航海図としての実用性を持っていたと考えられている。

例として現在の奥武島付近をみると、沖合にリーフ（岩礁）の切れ目があって船をラグーン（サンゴ礁の内海）へ進めることができ、さらに奥武島と沖縄島をつなぐ橋付近まではサンゴ礁が発達しておらず、水深が比較的深い入江のような地形になっている。地図に記された港は実際の地形に照らし合わせると見事に符合している。

近世期に描かれた琉球国の国絵図には、さらに詳しく港についての記載がある。南九州から先島にかけての航路と主要港湾、とくに港湾内における大型船の収容可能数が書かれている。沖縄島だと運天港に大型船六十隻が収容可能、那覇港に三十隻、大湾渡具知《おおわんとぐち》（読谷村）に六隻。その他の港は瀬底浦、牧港（浦添市）、小湾《こわん》（浦添市）を挙げているが、「船の出入り自由ならず」「船がかり（停泊）自由ならず」と注記され、大型船が容易に入港・停泊できない規模であった。つまり沖縄島で外洋航海の大型船が恒常的に停泊できる港は運天港と那覇港ぐらいであったことがわかる。

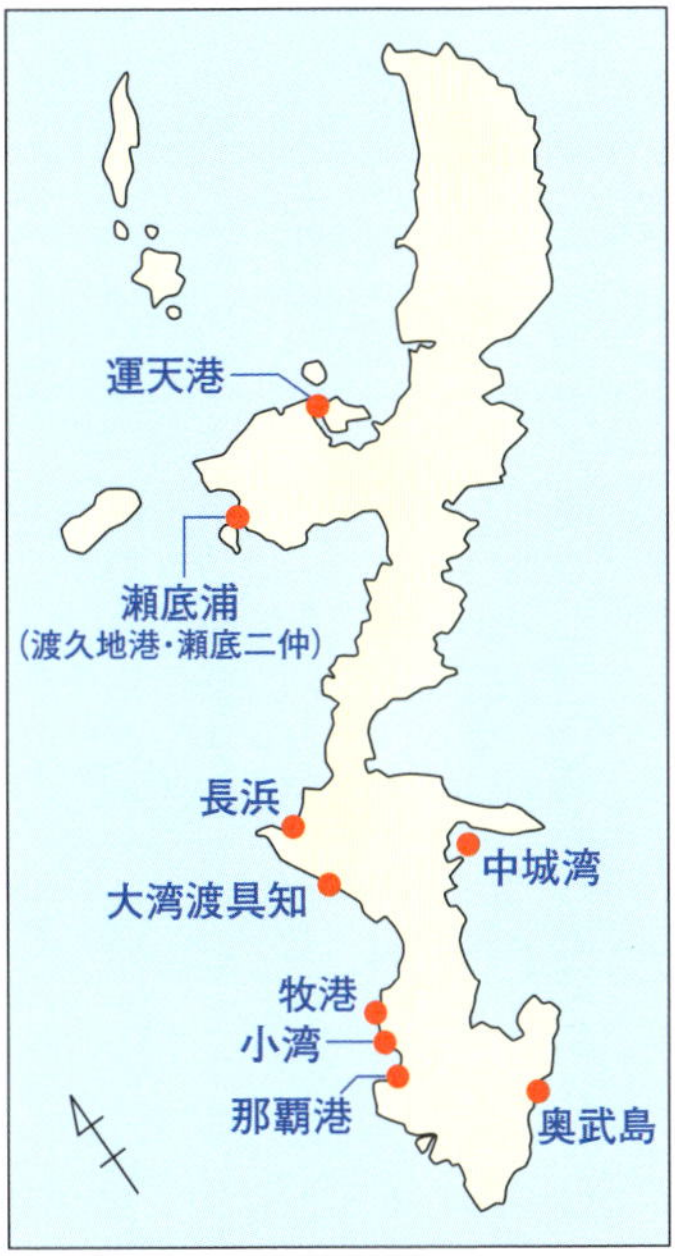

前近代沖縄の主要港湾図

もちろん、各地域に港が存在しなかったわけではない。『琉球国旧記』には域内船が停泊する小規模の港が列挙されているが、これらは馬艦船《まーらん》と呼ばれる中小型船が利用する港であり、進貢船や外洋航海の大型船と同列に扱ってはいけない。馬艦船の多くが全長約十五メートル以下なのに対して進貢船は全長約三十〜四十メートルもあり、中世期、アジア海域で航行した外洋船の平均的な大きさも進貢船と同サイズであったと推定されている。嘉慶二十一年（一八一六）に琉球を訪れたバジル・ホールらのイギリス艦隊も沖縄島沿岸を調査した。大半がサンゴ礁により海岸への接近が不可能で、最終的に運天港と那覇港に停泊し、運天港を沖縄島で最も優れた港と判定している（バジル・ホール『朝鮮・琉球航海記』）。イギリス艦隊のフリーゲート艦は全長約四十メートルなので、同クラスの進貢船や中国商船の状況も類推できよう。また万暦三十七年（一六〇九）、薩摩島津軍三千の兵は八十隻の大船団で琉球へ侵攻したが、その時の航路は、すべて国絵図に記載されている大型船の停泊可能な港湾（龍郷湾、思勝湾、西古見、秋徳港、運天港、大湾渡具知、那覇港）を経由して王国中枢の首里へと向かっている。

以上述べてきたような南西諸島の港湾の状況は、港市国家として発展を遂げた琉球の歴史展開にも大きく影響を与えたはずだ。那覇が前近代を通じて突出した港湾都市となったこと、運天港の背後にひかえる今帰仁グスクに山北監守が置かれ、首里とともに古琉球の二大政治拠点となったこと、中城湾を擁する勝連按司の阿麻和利が王に匹敵する勢力に台頭したことなども、港湾との関係が要因の一つになったと考えられる。

ただ沖縄島で最も優れた運天港でなく、那覇港が王国の交易都市として発展したのはなぜだろうか。那覇港は港口付近に岩礁が多く、狭い水路を通過して内海に入らなくてはならず、港湾機能は運天港より劣っていた。那覇と運天を分かつ要因となったのは、港湾に隣接する陸上スペースの有無であったと考えられる。集落の三方を丘陵に囲まれ陸路との連結が悪い運天と異なり、那覇は「浮島」と呼ばれた居住可能な広い平地部分が存在し、後背地（＝現地権力の拠点）とのアクセスも容易であった。滞在スペース・補給・陸上交通の利便性などの総合面から那覇が港湾都市として本格的に発展したといえよう。

とはいえ、那覇港は大型船の収容可能数は運天港に次ぎ、南西諸島でも有数の港湾であったことはまちがいない。港口の水路の狭さ、入港の難しさの一部分をもって那覇港全体が使えない港と判断するのは誤りである。船にとっては港口の先にある、安全に停泊できる場所こそが重要であり、那覇は王府権力の整備以前にも港として充分な好条件を備えていた。港湾内も古琉球期にさかのぼるほど国場川からの土砂の流入は少なく、近世期よりもより広い停泊スペースと水深があったはずだ。

こうした理由があったからこそ、那覇港は沖縄島近海を航行する外洋船の中継地として利用され、後の港湾都市の発展につながっていったのではないだろうか。

コラム　王権の象徴・中国冠服

琉球国王の肖像画（御後絵）をみると、王はみな皮弁冠《ひべんかん》と皮弁服《ひべんふく》と呼ばれる中国風の冠と衣装をまとっており、王の周囲に描かれる家臣たちも中国冠服である。

古琉球における正装は中国冠服であった。琉球への冠服の導入は洪武五年（一三七二）、使者の泰期に襲衣《しゅうい》が与えられたのが始まりで、洪武二十五年（一三九二）には華人の程復、葉希尹へ明より冠服が与えられている。

洪武三十一年（一三九八）には中山王の察度と群臣が冠服を獲得する。つづいて永楽元年（一四〇三）にも山北王の攀安知が明に遣使し、「中国の冠帯衣服をたまわって国俗を変えたい」と申し出ている（『明

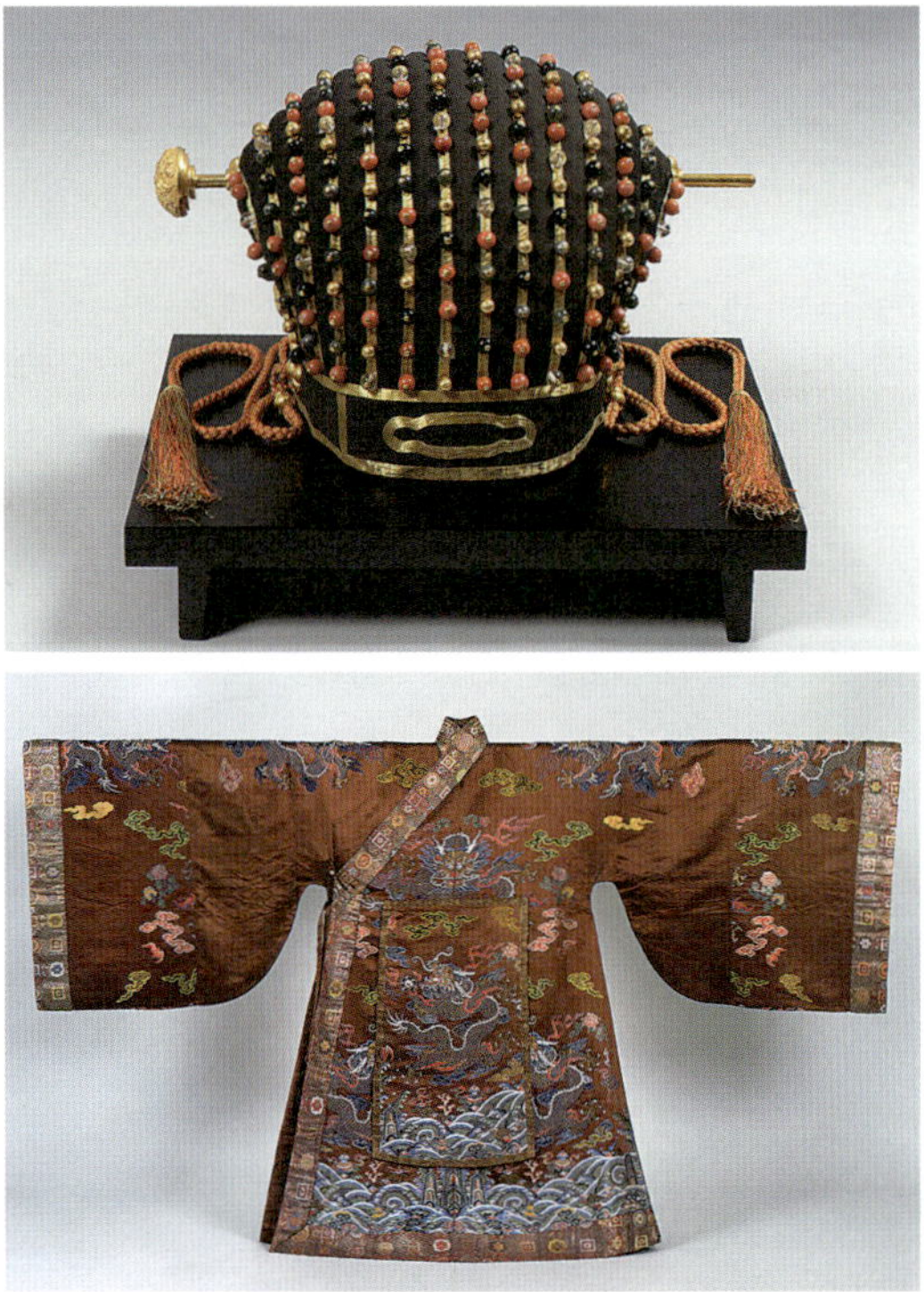

近世琉球の皮弁冠（上）と皮弁服（下）
那覇市歴史博物館所蔵

太宗実録』）。このように三山の王や華人をはじめとして琉球社会で次々と明の冠服が受容されていった。琉球では明の冠服を正月などの重要儀礼で着用したが、着用が身分を視覚的に示す指標ともなったようだ。やがて琉球では下賜された冠服をもとに独自で製作をおこなった。

皮弁冠服が琉球に初めてもたらされたのは永楽二年（一四〇四）の中山王武寧の冊封時である。古琉球期における中山王の皮弁冠は七縫の玉飾りがついたもので、明の郡王と同等のランクであった。皮弁服は大紅素紗《だいこうそしゃ》皮弁服（赤い無地の紗で織られた服）などで、また玉佩《ぎょくはい》（腰に着ける玉の飾り）、中単（下着）、靴、靴下など一式もあわせて与えられた。

中山王が皮弁服以外に明皇帝から与えられた冠服の仕様も判明している。『歴代宝案』によると洪熙元年（一四二五）に尚巴志へ与えられたのは紗帽（薄絹の冠）、金相犀帯（金地にサイの角で装飾したベルト）、紅羅衣服（紅色、薄絹の服）である。また天順五年（一四六一）に尚徳に与えられたのは烏紗《うしゃ》帽に金相犀帯、大紅羅《だいこうら》金胸背《きんきょうはい》麒麟円領《きりんえんりょう》（金糸で刺繍された麒麟が付いた紅色の常服《じょうふく》）などである。琉球国王は麒麟の図柄で、明朝の公・侯・駙馬《ふば》（皇帝の娘婿）・伯の爵位と同ランクに位置している。

現在、古琉球期に下賜された冠服類は残っていない。しかし京都の妙心院に豊臣秀吉が万暦二十四年（一五九六）に万暦帝より与えられた皮弁服類が残されており、この時の服は琉球国王と同ランクのものであったことから、古琉球期の皮弁服の様相をうかがうことができる。

近世に入って明が滅び満洲族の清が政権をにぎると中国から皮弁冠服が下賜されることはなくなるが、琉球は満州族の服制は採用せず、そのまま明風の皮弁冠服を自作し、皮弁冠の玉飾りの列も明皇帝と同等の十二縫へと改変して使いつづけた。近世を通じて琉球では皮弁冠服が王権の象徴として位置づけられていく。

III

首里城と古琉球の史跡を歩く

守　礼　門

佐敷グスク（南城市佐敷）

沖縄島南東部、与那原湾に面した丘陵中腹の標高約五十メートルに位置するグスク。十四世紀、佐敷按司であった思紹と尚巴志の本拠地である。別名を「佐敷上《さしきうい》グスク」。現在、グスク内には尚巴志王五百年祭を記念して昭和十三年（一九三八）に建立された「つきしろの宮」があり、第一尚氏王朝の歴代王が祀られている。

グスクの構造は斜面中腹に四段の平場を造成して郭をつくる「土のグスク」である。郭の周囲は柵列によって囲われていたことが発掘調査から判明している。石積みはほとんどなく、わずかに一の郭に相当するグスク最高所の背後に野面積みの痕跡が見られるのみである。また佐敷グスクの大きな特徴としては、土手の斜面上に石を段状に貼り付けていく工法で「貼石《はりいし》状石列」と呼ばれている。他のグスクにこのような構造は見られない。当地一帯は土砂崩れが起こりやすい地質で、崩落防止の理由と、また外見を美しく見せる化粧石的な意味合いがあったと考えられている。郭内の調査では掘立柱建物の跡も確認された。

付近には思紹の長女が就任したとされる佐敷ノロの殿内（拝所）や海岸低地へとつながる急こう配の旧道、グスク西側標高七、八十メートルに位置するタキノー（見張り台と推定）や城下の下代原遺跡、近隣には苗代大親《なわしろうふうや》（思紹）屋敷跡や美里殿の尚巴志に関わる拝所も点在しており、グスクは周辺遺跡を含めて機能していたようだ。下代原遺跡からは鍛冶関連の遺構も見つかっており、鉄鍛冶がさかんに行われていた状況が、後の尚巴志の「刀と鉄伝説」のモデルになったかもしれない。

思紹がグスク築城前に住んでいたと伝えられる苗代大親屋敷跡でも「貼石状石列」の存在が確認されており、佐敷グスク独特の工法は苗代大親時代に確立、その後の佐敷グスクに応用された可能性も考えられよう。

出土遺物はグスク土器や青磁・白磁などの陶磁器類、鉄釘や銭貨、炭化米・麦、ウシや魚の骨などの食糧遺物などが見つかっている。とくに「佐敷タイプ」と命名された十四世紀後半～十五世紀前半の粗製の青磁碗が大量に出土しているのが特徴である。

佐敷グスク

建文四年（一四〇二）、島添大里按司を倒した尚巴志は拠点を佐敷から大里グスクへと移すが、継続して利用された痕跡があり、ただちに廃城とはならなかったようだ。あるいは知念半島周辺の聖地巡礼「東御廻い《あがりうまーい》」に関わる利用であったとも指摘されている。

グスク眼下に広がる与那原湾の馬天港《ばてんこう》は近世から戦前にかけて海上交通の要所であり、馬艦船など中小型船が集った港湾であった。佐敷グスク出土の中国陶磁器などの舶来品は、この港から荷揚げされたはずだ。尚巴志はグスクから港に集まる船の光景を日常的に眺め、天下への思いを馳せていたのであろう。

なお世界遺産以外の未整備のグスクは樹木や雑草が生い茂り、茂みや石積みの隙間などに猛毒を持つハブが隠れている場合がある。危険なので茂みに立ち入らないよう注意が必要である。

島添大里グスク（南城市大里）

南城市大里の標高約百五十メートルの琉球石灰岩丘陵に位置し、西側を除く三方を断崖に囲まれた天然の要衝に島添《しまぞえ》大里《おおざと》グスクは立地する。ここは十四世紀頃、「下《しも》の世の主」と称された大里按司の居城であった。「島添」とは「島々を襲う（支配する）」という意味で、南山の有力按司の地であったことがうかがえる。十五世紀初頭に尚巴志によって大里按司が滅ぼされた後、尚巴志は本拠地を佐敷から大里へと移し、大里グスクの整備を進めた。以来、大里グスクは首里城とともに第一尚氏王朝の王宮であった。天順二年銘の「大里城の雲板」も残っており、十五

島添大里グスク　主郭

世紀中頃の尚泰久王代までは「旧宮」として利用されていたようだ。

グスクの規模は東西約二百メートル、南北約百メートルで総面積は三万平方メートルを超える。首里城や浦添グスク、今帰仁《なきじん》グスクなどに匹敵するものであり、大里グスクが「王のグスク」としての規模を備えていたことがわかる。

グスクは内郭・外郭を城壁で囲む二重の構造をしており、正殿の位置する北側の内郭部分を高所として、外郭が南側へ同心円状に広がっている。戦後の採石や公園化などのため当時の城壁は大半が失われてしまった。城壁の表面を飾っていた加工石は取り払われ、裏込めの野面積みが所々残されている。近年の調査により城壁の基礎部分が確認され、外郭のおおよそのラインが判明している。

内郭部分の正殿は石積みの基壇の上に礎石を持つ建物（板葺き屋根と推定）であり、いくつかは礎石が当時のままの状態となっている。南北方向五間、東西方向四間＋αの規模を持ち、南面する建物と推定されている。発掘調査では正殿は四期に分けられ、とくに第一期（十四世紀後半〜十五世紀初頭）からは炭化層も確認されている。尚巴志軍による焼き討ちの可能性も考えられよう。第二期、第三期の第一尚氏王朝時代の建て替えを経て、第四期の十六世紀後半頃に使用が終息したようである。

またグスク内には北側の断崖中腹に島添大里按司の墓や、西端に位置するカニマン御嶽（宝珠の屋根を持つ円形の墓。埋葬者は不明）がある。

グスクに関わる周辺遺跡には、城外に隣接するチチンガー（湧水）があげられる。水量豊富なこの湧泉は地上より約八メートル下る降り井で、壁面を石積みで囲っている。名前の由来だが、かつてこの湧泉をグスク内に取り込もうと城壁を囲ったところ水が枯れ、グスク外に出すと水が湧き出たことから「包まれない井戸＝チチマランカー」から「チチンガー」に訛ったと伝えられている。またグスク周辺には出城的な性格を持つとされるミーグスク（新しい城という意味）やグスク完成以前に大里按司が住んだと伝わるギリムイグスクなども立地している。

浦添グスク・浦添ようどれ（浦添市仲間・前田／仲間）

浦添市前田から牧港にかけて東西につづく琉球石灰岩丘陵部の標高約百四十メートルに浦添グスクは位置する。尚巴志が首里城を整備する以前の中山の都であった。「浦添」とは「浦々を襲う（支配する）」という意味で、当地がまさに「王者のグスク」であったことを示している。琉球最初の王の舜天以来、英祖・察度政権の本拠地であったと伝えられている。

　永楽四年（一四〇六）、尚巴志によって浦添グスクの武寧王が倒された後は首里遷都によって十六世紀までに廃墟化していた。その後、尚真の長子・尚維衡が首里から放逐されると荒廃していた浦添グスクに邸宅をかまえ、子孫は代々この地に居住した。万暦三十七年（一六〇九）、薩摩島津軍の侵攻によってグスクは焼失した。侵攻時、琉球国王だった尚寧は尚維衡の末裔で浦添グスクの出身であった。その後、万暦四十五年（一六一七）に尚寧は浦添グスクを改修し隠居した。尚寧は万暦四十八年（一六二〇）に死去後、グスク崖下にあった浦添ようどれに葬られた。

浦添グスク

　グスクの立地は北側は断崖、南側は傾斜する地形となっており、丘陵上に城壁を囲い、南側の城壁外には土で造成された物見状郭、空堀・水堀と柵列で防御する構造であった。これらをふくめたグスク総面積は四万平方メートルを超える大規模なもので、十四世紀当時には琉球最大のグスクであった。正殿は高麗系の瓦葺き建物であったとみられ、大棟を飾る鬼瓦も付近から発見されている。本来のグスク入口とされる南側には万暦二十五年（一五九七）の首里―浦添グスク間の道路竣工を記念した「浦添城の前の碑」が復元されている。浦添グスク出身の尚寧が王となり、地元と首里城の往来の利便性のために整備された道であった。碑の立つ場所から南方を眺めると首里城の正殿を視認できる。

周囲には魚小堀《いゆぐむい》という人工池跡と十三世紀建立と伝えられる極楽寺跡、豪族屋敷（当《とう》山東原《やまあがりばる》遺跡）、英祖王陵と伝えられる浦添ようどれ、城下の集落（浦添原遺跡）などがあり、中山の王都としての威容を備えていた。尚巴志が遷都後、首里城周辺を整備するさいに浦添が一つのモデルになった可能性が指摘

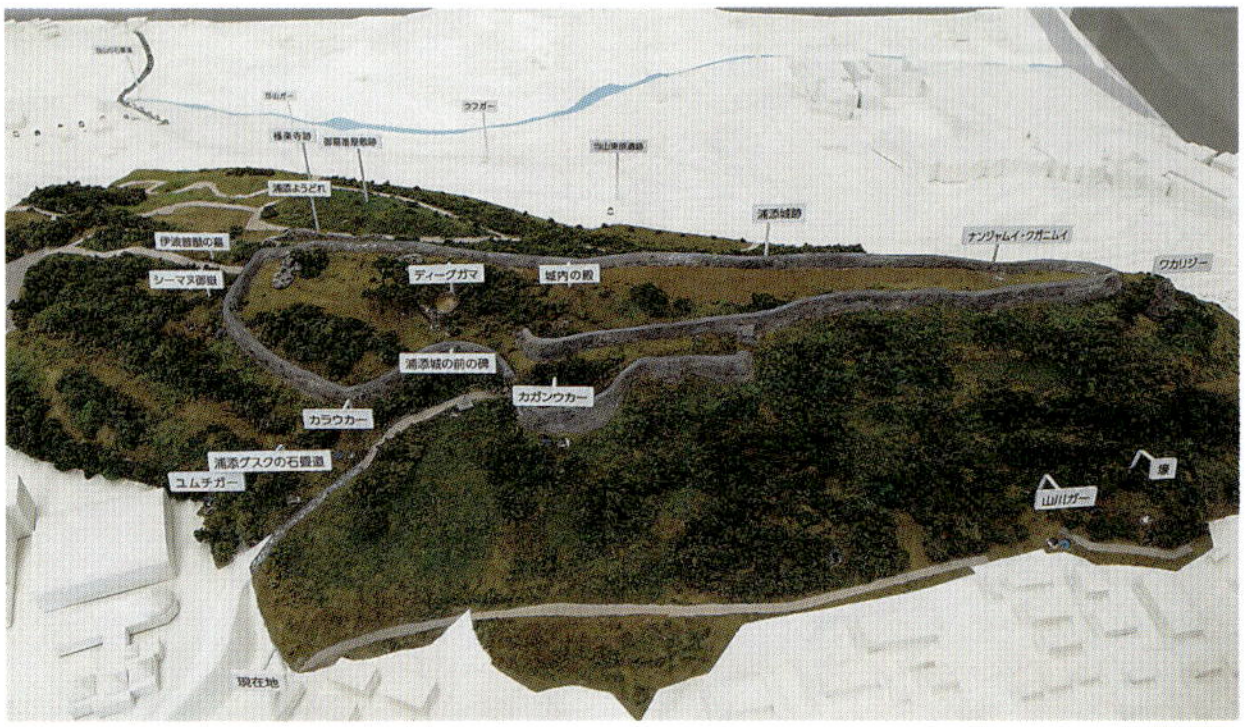

浦添グスク復元模型　浦添市教育委員会提供

浦添ようどれ

されている。

グスク北側の崖下にある浦添ようどれは洞窟のくぼみを漆喰《しっくい》で塗られた石積みでふさいで墓室としている。「ようどれ」とは「夕凪《ゆうなぎ》」を意味し、静寂な墓域を表現した言葉とされている。十三世紀の英祖王一族を葬る墓室と十七世紀の尚寧一族を葬る二つの墓室からなる。墓室の周囲は石積みで囲われ、「クラシン御門《うじょう》」という洞窟状のトンネル（戦争で天井部分は破壊）とアーチ門をくぐって入っていく。

当初のようどれは洞窟内に高麗瓦葺きの木造建物を造り、そのなかに漆塗り木棺を安置していたが、十五世紀頃に中国製輝緑岩の石棺と石積みで墓室をふさぐ構造に改修された。石棺には阿弥陀如来や地蔵菩薩などが彫刻されており、琉球最古の仏教彫刻とされている。

石棺内の英祖王族の遺骨も調査したところ洗骨された骨とともに火葬の骨も見つかった。また中世日本人の身体的特徴を持つ頭蓋骨や、南中国・東南アジアにルーツ（母系）を持つとみられるミトコンドリアDNAも別の骨から確認された。海域世界よりさまざまな人々が琉球に流入していたことがうかがえる。

発掘調査では金属工房跡も確認され、坩堝《るつぼ》や精製のさいに生じる粒状の滓《かす》、木棺の飾り金具や鋲《びょう》、鉄釘なども見つかっている。古琉球において鉄鍛冶などの鍛造施設は各地に点在するが、鋳造技術を有するのは現時点で首里城と浦添グスクだけで確認されており、中山の王が琉球のなかでも突出した技術力を保有していたことがわかる。

現在、浦添ようどれの墓室内は立ち入ることはできないが、付近には墓室内を忠実に再現した部屋と出土遺物を展示した「ようどれ館」があり、そこで墓室内の雰囲気を体感することができる。

今帰仁グスク（今帰仁村今泊）

沖縄島北部の本部半島北側、標高約百メートルの石灰岩丘陵にある大型グスク。十三世紀頃の築城と考えられ、山北王歴代の居城であったと伝えられる。洪武十六年（一三八三）帕尼芝《はにじ》より始まり、珉、攀安知の入貢が永楽十三

今帰仁グスク・志慶真門郭

年（一四一五）まで『明実録』で十七回確認できる。伝承によれば、これら山北王はもとの城主であった丘春（千代松）を駆逐して王となったとされ、逃れた丘春は読谷村の泊グスクで最期を遂げたという。なおこの丘春の子孫が今帰仁グスク攻略に従軍した読谷山按司の護佐丸と伝えられる。

尚巴志により山北が滅ぼされた後、護佐丸の今帰仁グスク駐留を経て永楽二十年（一四二二）に尚忠が山北監守となり、戦後の山北遺臣の反乱に備えた。第二尚氏王朝の一四九〇年代になると尚真の三男、尚韶《しょうしょう》威《い》一族が山北監守（今帰仁按司）を世襲し、沖縄島北部一帯を統括した。『海東諸国紀』所収「琉球国之図」（一四七一年）は今帰仁グスクを「伊《い》麻《ま》奇《き》時《じ》利《り》城」と記し、付近の運天港は「雲見泊／要津」とある。

万暦三十七年（一六〇九）には薩摩島津軍の侵攻で今帰仁グスクと城下町の今帰仁・親泊ムラは焼き討ちに遭い、監守だった向克祉《しょうこくし》（今帰仁按司朝容）は侵攻翌日に二十七歳の若さで死亡した。これ以降、山北監守の地位と今帰仁グスクの政治的機能は低下した。城下町も海岸低地に移動し、康熙四年（一六六五）に監守一族は首里へ移住して今帰仁グスクは廃城となった。

今帰仁グスクは北部最大のグスクで総面積四万平方メートルにも及ぶ。主郭（俗称本丸）、大隅郭、志慶真門郭など十の郭からなり、石積みは古生代石灰岩の野面積みで中南部のような琉球石灰岩ではない。これは採れる石材が北部と中南部では異なるためだ。幾重《いくえ》にも曲がりくねった石積みの造型は見事で「沖縄版万里の長城」といえる。『おもろさうし』では今帰仁グスクの石積みを「百曲《ももまが》り、積み上げて」とその美しさを謡っている。

グスクの郭でもっとも広い外郭には近年、基壇建物跡が見つかり整備されている。正殿に匹敵する大きさを持つもので、十六世紀頃の山北監守時代のものとみられている。外郭を抜けると「平郎門」と呼ばれる石積みの門が見えてくる。戦後に想定復元されたものだが、往時は櫓門《やぐらもん》だったと考えられている。門をくぐると一直線に伸びた階段があるが、これも戦後設置されたもので通称「七五三の階段」と呼ばれている（段数が七・五・三でつづくことから）。旧道はこの階段から途中で分かれ、雑然とした石敷きの道と階段を登るとグスク主要部へとつながる。

グスクの最高所には中枢である主郭と御内原《おうちばら》（王族女性などの住む私的空間）、一段低くなるかたちで大庭がある。主郭には山北王時代の翼楼付き正殿跡の基壇、山北監守時代の礎石群が並ぶ。また小さな瓦屋根の「火の神」の祠《ほこら》と乾隆十四年（一七四九）に設置された「今帰仁城監守来歴碑記」が立っている。石碑は山北監守の首里移住後、無人となったグスクの所有権をめぐって地元民との争いが起こり、監守子孫が自らの正統性を由来をまじえ記したものだ。

発掘調査で主郭は四期の時期に分けられている。第一期（十三世紀末～十四世紀）が柵列で防御され掘立柱正殿の立つ初期の段階、第二期（十四世紀後半～中頃）の山北王時代で南向きの翼楼付き基壇建物が建てられた段階、第三期（十四世紀後半～十五世紀前半）から第四期（十五～十七世紀中頃）の西向きの礎石建物の正殿（山北監守時代）の段階である。

今帰仁グスク・金比屋武（城内上之御獄）

御内原には自然の岩を石積みが取り囲んでいる場所があり、これが琉球神話で創世神アマミキヨが最初につくった七つの御《う》嶽《たき》の一つ、「金比《かなひ》屋武《やぶ》」で、攀安知が今帰仁グスク落城のさい、名刀千代金丸で十文字に斬ったと伝わる場所である。実際には斬った跡を確認することは困難だが、一説によると斬られた石は持ち去られたとも言われている。この御内原から大隅郭方面への眺望は絶景である。蛇行する石積みと鮮やかなエメラルドグリーンの海とのコントラストが美しい。

主郭の南側を下るかたちでグスクの裏手にあたる志慶真門郭があり、中山軍の今帰仁グスク攻略のさい、この方面よりグスク内に侵入したとされる。発掘調査では掘立柱建物が見つかっている。志慶真門外には十七世紀まで志慶真ムラが広がっていた。

グスク周辺には今帰仁ムラ跡やミームングスクやシニグンニといった遺跡も存在し、沖縄では数少ない、グスクと城下町の跡がセットになって見学できる場所である。またハンタ道と呼ばれる旧道も残りがよく、実際にグスクから麓まで歩いて行くことができる。ただし登山道のような険しい道のりなので、ガイドとの同行や細心の注意を払う必要がある。

首里城（那覇市首里当蔵）

およそ四百五十年にわたり琉球王国の中心でありつづけたグスク。標高約百メートルの那覇市の東方、首里の高台に立地する。総面積は約四万七千平方メートル、東西約四百メートル、南北約二百メートルの楕円形の城郭であり、大別して内郭・外郭から構成される。

十五世紀初頭、中山を掌握した尚巴志により本格的整備が開始され、大規模な王宮へと変貌を遂げたが、それ以前の十四世紀前半には「京の内」と呼ばれる区画を中心にすでにグスクとして利用していたようである。

文献上の初出は人工池・龍潭《りゅうたん》をはじめとした首里城周辺整備の状況を記した宣徳二年（一四二七）の「安国山樹華木碑記」であり、この時点で首里城は王城としての機能を備えていたとみられる。十五世紀中頃の状況を描いたとみられ、景泰四年（一四五三）、博多商人道安が朝鮮王朝に献上した地図に近い系統とされる『琉球国図』（沖縄県立博物館・美術館蔵）には、石積みを表現し

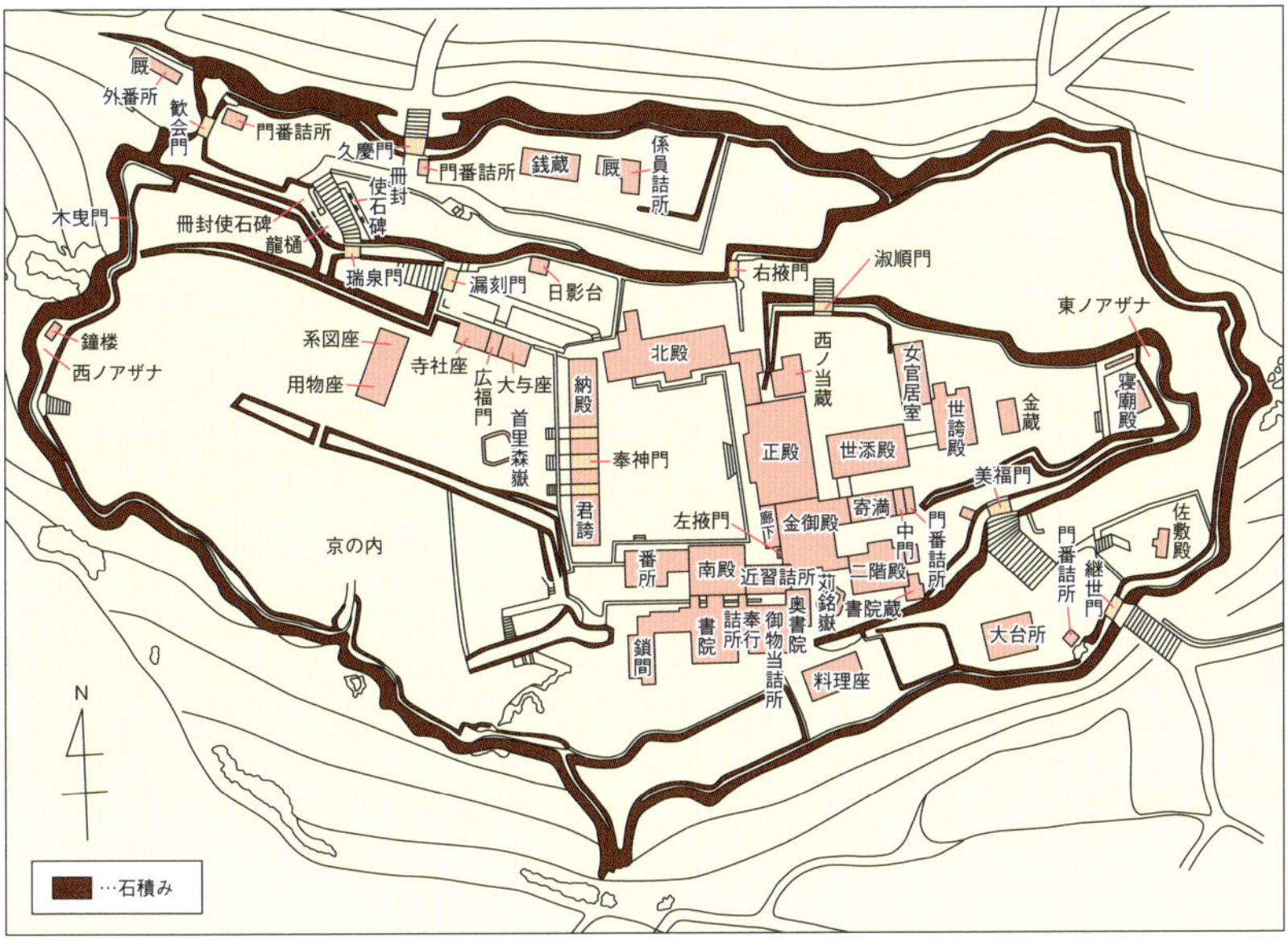

首里城図

た内郭と土塁を表現したとみられる外郭の二重郭の首里城が描かれており、内郭には正殿を囲む御庭を表現したとみられる二つの門と、外郭には「太倉」と「執政人」の在所が記されている。

道安が地図を献上した同年、志魯・布里の乱が起こり首里城は焼失。だがまもなく再建されたようで景泰七年（一四五六）の朝鮮漂着民の表現によると、首里城は「外城」「中城」「内城」の三つの郭で構成され、外城に倉庫、中城に護衛の兵三百余が待機、内城は正殿と回廊の建物があり、二層三階の板葺き屋根であったという。また天順二年（一四五八）には阿麻和利軍による首里城攻撃で被害を蒙った可能性があるが、真相は不明である。

十六世紀の尚真王代には北側に石積みの外郭と歓会門《かんかいもん》や久慶門《きゅうけい》が増築、さらに次の尚清王代の嘉靖二十五年（一五四六）に東南側の外郭と継世門を増築し、現在みる首里城の城郭の範囲が完成した。

順治十七年（一六六〇）に首里城正殿をはじめとした建物が焼失し、康熙十年（一六七一）に瓦葺きに改められ再建された。その後、康熙四十八年（一七〇九）に失火で全焼後、康熙五十四年（一七一五）に唐破風と赤瓦で葺かれた正殿が再建された。何度かの重修を経て、明治十二年（一八七九）の王国滅亡後により政治の中心としての役割を終えた。

近代には熊本鎮台沖縄分遣隊の兵舎や学校として利用されるが、大正十二年（一九二三）、老朽化のため正殿解体工事にさいし、鎌倉芳太郎らの尽力で取り壊しは寸前で免れた。昭和八年（一九三三）に沖縄神社拝殿として正殿の大規模修理が完了し守礼門をはじめとした城門などとともに国宝に指定されるも、昭和二十年（一九四五）の沖縄戦で灰燼に帰した。

戦後、首里城敷地は琉球大学のキャンパスが建てられたが、昭和三十三年（一九五八）の守礼門復元を皮切りに部分的な復元が進み、大学キャンパス移転後の平成四年（一九九二）、正殿など中枢の建物と城壁が復元され、首里城公園として開園した。平成十二年（二〇〇〇）にはユネスコ世界遺産に「琉球王国のグスク及び関連遺産群」の一つとして登録され、現在にいたる。

中山門・守礼門

中山門は那覇方面より首里城正門の歓会門につづく大通り「綾《あや》門《じょう》大《うふ》道《みち》」に立つ首里城第一の坊門。首里高校の裏門と染物屋「琉染」の間あたりにあったが現存しない。別名を「下の綾門」。「綾門」とは「美しい門」を意味する。創建は宣徳三年（一四二八）で、尚巴志の首里城整備にともない設置された。現在は守礼門が有名だが、十六世紀に中山門をもとに建てられた同形のもので、守礼門は第二の坊門にあたり「上の綾門」と呼ばれた。

中山門（明治頃）　那覇市歴史博物館提供

中山門は中国の三間牌楼という飾り門をもとにしたとみられるが、細部には和様もみられ琉球独特の形式となっている。瓦葺き二重屋根の入母屋造である。中央には「中山」の扁額《へんがく》が設置されており、宣徳三年（一四二八）、尚巴志の冊封使で来琉した柴山の手によるものだという。当初は板葺き屋根であったが、改修の頻度が多いことから康熙二十年（一六八一）には瓦葺きに改められた。王国滅亡後、中山門は老朽化が激しくなり、明治四十一年（一九〇八）に五十二円余で売却・解体され姿を消した。現在にいたるまで復元はされていない。

　守礼門は中山門より遅れ十六世紀、尚清王《しょうせいおう》代に創建された。当初は「待賢門《たいけんもん》」と称し、掛けられた扁額も「首里」であった。「守礼之邦《しゅれいのくに》」の扁額は冊封使の来琉時のみ臨時的に掛けていたが、近世期になると常設された。守礼門は冊封使が首里城を訪れるさい、王に冊封される世子が出迎える場所であった。咸豊三年（一八五三）にはアメリカ艦隊のペリー一行が海兵隊を引き連れ首里城を強行訪問。そのさいに守礼門で出迎えた様子がスケッチで残されているが、この時の扁額は「中山府」に掛け替えられている。

　昭和八年（一九三三）には首里城正殿とともに国宝に指定されるも、沖縄戦で全壊した。戦後、昭和三十三年（一九五八）にいち早く復元されたのが守礼門である。以降、沖縄のシンボルとして有数の観光地となった。

瑞泉門

首里城正門の歓会門を抜け、なだらかな階段を登ると第二の門、瑞泉門である。十六世紀に外郭が増築される以前、第一尚氏時代の正門であった。別名「樋川御門《ひーじゃーうじょう》」。門前右下に龍樋《りゅうひ》という湧泉があることに由来する。門の形式は外郭の歓会門・久慶門のアーチ門とは異なり、城壁上に直接櫓《やぐら》を載せて門としている。この形式は首里城内郭の他の門も同様であり、アーチ門の技術が導入される以前のものであろう。門の形式からも造営年代の

首里城瑞泉門

時期差を判断することができる。『おもろさうし』には「聞ゑ按司添《おそ》いが（名高い按司添い＝王が）／樋川門げらへて（樋川門＝瑞泉門を造って）」と瑞泉門造営を謡ったオモロがある。

ただし先にも述べたように、十五世紀中頃の状況を描いた『琉球国図』には内郭と外郭部分を描き分けており、造りの違いを表現しているとみられ、十六世紀に増築される以前、すでに外郭部分に土塁が存在した可能性がある。浦添グスクのように石積みの周囲に土からなる郭をめぐらせる例もあることから、検討すべき問題だといえよう。

瑞泉門脇の龍樋は水量豊富で、現在でもこんこんと清水が湧き出ている。水源は地下を横に進んで奥行三十メートルほどにあり、トンネル状の穴に瓦の樋でつないで水を地表に導いていた。その水は輝緑岩（青石）製の彫刻された龍の口から出る。この龍は嘉靖二年（一五二三）に沢《たく》岻《し》親方《うえーかた》盛里《せいり》が中国から持ち帰り設置したものだ。龍樋の水は国王のみならず滞在中の冊封使にも供され、滞在する那覇の天使館まで毎日運ばれた。冊封使の龍樋を称えた近世期の石碑七つが瑞泉門にいたる階段の左右に立つ。

京の内

標高約百三十六メートルの城内最高所を含み、樹木が鬱蒼《うっそう》と茂る区画が「京の内」である。「京の内」とは「気《け》おのうち」すなわち霊力の満ちる場所を意味し、城内にある御嶽の多くがこの区画に集中している。琉球七嶽の一つ、真玉森《まだまもり》御嶽《うたき》も京の内にあったとみられ、隣接する下之御庭には同じく七嶽の首里森御嶽があった。人が頻繁に立ち入る場所ではなく、神女らによる祭祀が執り行われた儀礼の場であった。

また城内で最も古い区画であり、王城として整備される以前はこの範囲が当初のグスクの範囲であったと考えられている。発掘調査でも第一尚氏以前の十四世紀前半の遺構が見つかっている。中山王の察度によって高世層理殿という高楼が建てられたという。察度がこの高楼で毒蛇のハブに腕を咬まれ腕を失い、家臣が自らの腕を切り落として察度の腕につなげたという伝説も残されている。万暦四年（一五七六）、天界寺の火災で高世層理殿が類焼したとの記録もあるが、建物の詳細はわかっていない。
実際にこの区域からは十三〜十四世紀頃の高麗系瓦が出土、礎石とみられる石の一部も京の内最高所の一角から見つかっている。高世層理殿の場所は下之御庭の南側にあり、北面して立っていたと後世の『琉球国由来記』は記す。礎石の位置と合致するが、高世層理殿に該当するのか確定していない。少なくとも高麗瓦葺きの何らかの建物が存在していたとの指摘はできよう。

さらに調査では火災の痕跡が残る多数の陶磁器片が出土しており、なかには世界で数点しかないものも発見されている。たとえば青磁牡丹唐草文花瓶は世界でたった四点しかなく、国内では唯一のものである。これらは一括して国指定の重要文化財となっている。出土地点は倉庫跡とも考えられ、火災は景泰四年（一四五三）の志魯・布里の乱とも、天順二年（一四五八）の阿麻和利の首里城攻撃のさいに受けたとも推定されているが、結論は出ていない。

首里城京の内

首里城京の内出土陶磁器　沖縄県立埋蔵文化財センター所蔵

京の内は第一尚氏王朝の最期の地でもある。尚徳王の死後に起こったクーデターで王子と王妃らが京の内の真玉城に身を隠していたが、追手に発見され殺害、王子は近くの崖下中腹に葬られたと『球陽』は伝える。埋葬場所は腓城（クンダグスク）と呼ばれている。

正殿・御庭

首里城の中枢部にあたるのが正殿と隣接する北殿・南殿・奉神門で囲われた御庭《うなー》である。正殿は「百浦添御《ももうらそえう》殿《どぅん》」と呼ばれたが、「百の浦々を襲う（支配する）御殿」という意味で、まさに琉球における支配者の建物といえよう。現在の正殿は二層三階建て、赤瓦葺きの入母屋《いりもや》造りで、壁は弁柄《べんがら》色で塗られ、中央正面には豪華に装飾された唐破風《からはふ》が備わっている。正面階段はハの字状に広がり、左右に砂岩製の龍柱が立つ。この様式は琉球独自のものである。

正殿の変遷は景泰四年（一四五三）、順治十七年（一六六〇）、康熙四十八年（一七〇九）、昭和二十年（一九四五）の計四回焼失しており、その都度再建されてきた。現在の正殿は康熙五十四年（一七一五）時点の建物を平成四年（一九九二）に復元したものである。

発掘調査では正殿基壇はおよそ五期の変遷（七期とも）が認められ、最下層は十三世紀末〜十四世紀頃で大量の大和系瓦が出土している。第二期は景泰四年の志魯・布里の乱までのものと推定され、基壇表面が火を受けて変色する。第三期は尚泰久王代の基壇と考えられ、石段の摩耗が少なく粗雑な積み方であることから（ただし裏込め石の可能性あり）短期間で急造したと考えられている。第四期が尚徳王代の基壇、第五期が沖縄戦焼失までの基壇で、これが現在復元された基壇に相当する。その規模は次第に大型化し、前面にせり出してくるが基壇の向きだけでは変わらず西面してるのが特徴である。復元された正殿一階の床部分がガラス貼りになっており、各時代の基壇の様子を確認できる。

志魯・布里の乱後に再建された十五世紀中頃の正殿は二層三階、板葺き屋根に大棟両端の飾りは金属製塗料で塗り（あるいは棟瓦《むながわら》を誤認したか）、壁面は朱塗りであった。一階は酒食を置き、二階に国王がいて、三階は宝物庫であったという（『朝鮮世祖実録』）。十六世紀の尚真王代には正殿に中国製輝緑岩の欄干《らんかん》と龍柱《りゅうちゅう》が設置された。その外観を描いた絵画資料はほとんどなく、冊封使録でわずかにうかがえる程度だが、玉陵の石造りの屋根は当時の板葺き建物を模したものとなっており、あるいは正殿はこのような造りであったかもしれない。

嘉靖十三年（一五三四）に来琉した冊封使・陳侃《ちんかん》の記

録によると、正殿は西面する二層七間の板葺き屋根で、中央三間は金碧で装飾されていた（『使琉球録』）。また万暦三十四年（一六〇六）来琉の夏子陽は、正殿内の床に一寸（約三センチ）あまり筵《むしろ》を重ねたものが敷いてあったといい、この記述は畳敷きを表現している可能性もある。

首里城正殿

正殿左右には北殿と南殿が配置されている。北殿は入母屋造りの平屋建て、朱塗りの建物で、近世期には王府政治の中枢機関である評定所《ひょうじょうじょ》が置かれ、冊封使の歓待する場所としても使用された。十五世紀頃に傾斜地形を造成し建築したようだ。

南殿は近世期、他の建物と異なり日本の書院造りを模した建物であり、和風の催事や薩摩役人の接待場所として使用された。創建は天啓年間（一六二一～一六二七）とされる。しかし発掘調査でそれ以前の基壇が見つかっており、十五～十六世紀の記録からも南殿にあたる場所に建物が存在したことは明らかである。

夏子陽によると首里城には御庭を囲む正殿（常御之宮）、南殿（故宮）、北殿（北宮）があり、ともに七間の板葺き建物で、南側の「故宮《こきゅう》」はすなわち前王の殿という。また十七世紀初頭の『喜安日記』は御庭を囲む施設として正殿・北殿・奉神門とともに「宝聚閣《ほうじゅかく》」をあげているが、これが南殿に該当する建物と考えられる。どうやら近世期の南殿とは異なる施設が存在していたようで、現在知られる南殿になったのが天啓年間以降ということではないだろうか。

正殿の周囲には連結した回廊式の建物があり、四方を建物で囲われた御庭という閉鎖空間が存在した。王国の重要な儀式は屋外の御庭がメイン会場であり、冊封儀式や正月の朝拝御規式もここで行われていた。成化五年（一四六九）、尚徳の死去にともなう群臣たちのクーデターもここで発生した。数々の歴史の舞台となった場所である。

近世期に入り板葺き屋根の正殿が焼失すると康熙十年（一六七一）の再建で瓦葺きに改められ、さらに三度目の焼失後の康熙五十四年（一七一五）に再建。この時に赤瓦葺きと唐破風の向拝が設置が確認され、現在見る正殿の様式となった。その後、王国滅亡までに数度の大規模重修が加えられている。

龍潭（那覇市首里）

首里城外苑の人工池。別名「魚小堀《いゆぐむい》」。池の南側には造成された丘陵「安国山《あんこくざん》」もあり、ともに宣徳二年（一四二七）に造営された。山北王の攀安知を打倒し沖縄島の大部分を掌握した尚巴志は、首里城外苑を造営するため、永楽十五年（一四一七）に王相の懐機を明へ派遣して造園技術を学ばせ、帰国後に首里城北側を掘って池を造り、掘った土は池のそばに盛って安国山と名づけた。山には松や柏、各国から取り寄せた花や果樹、薬木を植えて遊息の地としたという（「安国山樹華木碑記」）。

龍潭の面積は七千五百七十四平方メートル、周囲は四百十六メートルに及ぶ。池の周囲は鬱蒼とした樹木におおわれている。弁財天堂の浮かぶ円鑑《えんかん》池を通じて首里城の龍樋などの水が流れ込み、さらに北側の世持《よもち》橋からあふれた水が流れ出る仕組みとなっている。世持橋は順治十八年（一六六一）に慈恩寺の石橋を移築して橋の欄干とした。慈恩寺は第一尚氏王朝の霊廟であったが、十八世紀頃までに廃寺となった。橋の欄干の羽目は砂岩で彫刻された魚介類のレリーフは見事で、戦前まで橋に設置されていた。現在は沖縄県立博物館・美術館が所蔵している。

橋は現在はアスファルトに蔽《おお》われた車道となっているがアーチ式の橋部分は健在で、車道脇から入って下の排水路からのぞくことができる。なお世持橋付近の道から龍潭と首里城を眺める光景が首里城遠景のベストアングルである。

冊封使来琉のさいには旧暦九月九日に重陽の宴が龍潭で行われ、池に爬龍舟《はりゅうしゅう》を浮かべて競争する様子を池のほとりの松崎馬場に設置された席で冊封使らが観覧した。松崎馬場は龍潭東側に沿って伸びる美しい松並木の街道で、中城《なかぐすく》御殿の脇へと通じ、そこから中北部方面に向かう幹線道路「宿道《すくみち》」の一部でもあった。現在は残念ながら石垣でふさがれ通過することができない。

龍潭は確認できるかぎり琉球王国時代で三回、万暦三十二年（一六〇四）から乾隆十九年（一七五四）にかけて埋まった土砂の浚渫《しゅんせつ》が行われている。冊封使の来琉に備えてのことであった。近代には昭和十一年（一九三六）と昭和十七年（一九四二）に浚渫を実施。戦後は周囲に遊歩道が設置され、市民の憩《いこ》いの場として利用された。平成四年（一九九二）には首里城公園の開園にともない浚渫と大規模改修が行われた。

首里城と龍潭

また龍潭の造営とほぼ同時期、首里城の北東には蓮小《りんぐ》堀《むい》という池も掘られた。龍潭の三分の二ほどの広さで逆コの字状の形をしていた。浦添グスク下にあった魚小堀の形状と酷似しており、蓮小堀のモデルになった可能性がある。近隣には慈恩寺があり、この橋を龍潭の世持橋に移築した。この周辺には他にも天王寺や広徳寺、蓮華院や建善寺、興禅寺などの諸寺院が林立していた。蓮小堀は戦後まもなく埋め立てられ、首里公民館・図書館の敷地となっている。

円覚寺跡

琉球三大寺の一つ。琉球における臨済宗の総本山で第二尚氏王家の菩提寺。本尊は釈迦如来で山号は天徳山。首里城の北側に隣接し、尚真王代の弘治七年（一四九四）に建立された。開山住持は芥隠承琥であった。彼は京都南禅寺の流れを汲む禅僧で、景泰年間（一四五〇～一四五六）に来琉、尚泰久に那覇の広厳寺・普門寺、浦添の天龍寺の住持として招かれ、室町幕府との外交交渉にも当たった。交渉相手である蔭凉軒主・季瓊真蘂は芥隠と

円覚寺総門

円覚寺仏殿（戦前）　那覇市歴史博物館提供

旧知の仲であり、国境を越えた禅宗ネットワークの中にいた人物であった。歴代の住持には日本僧の不在一樗《ふざいいっちょ》、檀渓全叢、春蘆《しゅんろ》祖陽などもおり、対日外交の窓口にもなった。円覚寺は琉球僧録としての機能を担っていた。

当初の寺院は荒神堂・寝室・方丈・大殿・法堂・山門・両廊・鐘楼・鼓閣・僧房・厨庫《ちゅうく》・浴室であった。弘治十一年（一四九八）には久米村の梁能・陳義らによって総門後方に放生橋《ほうじょうばし》が造られた。なお弘治八年（一四九五）銘の円覚寺仏殿殿前鐘・殿中鐘は周防の鋳物師で大内氏とも関係が深い大和相秀の製作であった。

沖縄戦で焼失するまでの円覚寺は禅宗七堂伽藍《がらん》の形式を備え、総門と左右にある石造の脇門、放生池・山門・仏殿・龍淵殿《りゅうえんでん》・庫裏《くり》・獅子窟《ししくつ》・御照堂《ごしょうどう》・鐘楼《しょうろう》、周囲の石垣で構成されていた。

総門を入ると放生池が現れ、輝緑岩製の放生橋が架かる。勾欄《こうらん》は亀や鶴、蓮華などが彫刻され、柱の上には獅子が掘られている。この勾欄は戦火をくぐり抜けて現存している。その先の階段を登ると山門がそびえ立つ。左右に翼楼の付いた二層建物であった。

仏殿は入母屋造り二層の建物で、須弥壇には釈迦如来を中心に普賢菩薩《ふげんぼさつ》と文殊菩薩《もんじゅぼさつ》が安置され、背後の板には極彩色の金剛会が描かれていた。龍淵殿は円覚寺最大の建物で歴代王の御後絵（肖像画）と位牌はここに祀られていた。康熙六十年（一七二一）に焼失するもただちに再建された。御照堂・獅子窟はもとの位牌を祀った宗廟で、雍正六年（一七二八）に位牌を龍淵殿へ移し、東棟（獅子窟）に仏像を安置し、西棟（御照堂）に法堂僧を住まわせた。

近代には尚家の菩提寺として存続し、昭和八年（一九三三）には首里城正殿とともに総門・山門・仏殿をはじめとした諸施設が国宝となったが、昭和二十年（一九四五）沖縄戦で全壊。戦後は琉球大学の職員住宅や運動場となり敷地の大部分が破壊、埋め立てられたが、かろうじて放生池は残った。昭和四十三年（一九六八）に総門が復元、さらに発掘調査が進み仏殿や龍淵殿などの遺構も確認された。周囲の石積みも復元され、山門の復元も計画されている。

玉陵（那覇市首里金城町一丁目）

第二尚氏王朝の墓陵で弘治十四年（一五〇一）、尚真王によって造営された。守礼門の立つ綾門大道沿いにあり、墓室とその周りを石垣で囲む内庭・外庭の二つの区画からなる。面積は約二千四百平方メートル《メートル》。墓の造りは岩山をうがった横穴式で、破風墓の形式である。墓室は石積みの基壇上にあり、砂岩製の欄干《らんかん》が設置されている。欄干の羽目には鳳凰や麒麟などのレリーフが見事である（後代に設置されたとも）。板葺き屋根を模した石造の外観は、当時の首里城正殿を模した可能性があり「死後の王宮」ともいえる場所である。また屋根には輝緑岩製の獅子が二体あり、立ち姿が珍しい形式である。

墓室は東室・中室・西室の三つに分かれ、東室（国王や王妃）に三十七名、西室（王族）に三十二名、中室に一名（被葬者不明）、計七十名が葬られている。

墓室にはまず近くの見上森陵に葬られていた尚円の遺骨が移送され、さらに弘治十四年（一五〇一）の玉御殿の碑文で墓に入るべき王族が規定された。尚真王・オギヤカのほかに八名の名前が記されているが、第二尚氏第二代王の尚宣威や尚維衡（尚真と居仁のあいだに生まれた長男）など、尚宣威の血統は排除されている。一説にはオギヤカの意向であると考えられている。ただし実際にはこの規定は守られず、尚維衡は死後玉陵に葬られている。

実は玉陵の他にも伊是名玉御殿や山川陵《やまがわりょう》をはじめとして王族の墓は多数あり、十八世紀の葬送観念の変化により何度か玉陵への移葬が行われた。それまで実家の墓に葬られていた王妃の遺骨は、夫婦として王とともに合葬された（尚寧王妃の遺骨も同様に浦添ようどれに移設されている）。

玉　陵

碑文は沖縄戦でも破壊されず、玉陵の外庭の一角に約五百年前の姿そのままを残している。玉陵自体は沖縄戦で東室と西室の大部分が破壊されたが、昭和五十二年（一九七七）に修復が完了した。

玉陵の墓域外には東・西の御番所が門の左右対称に建っていた。法事のさいの国王の控え所で発掘調査をもとに東の御番所が復元されている。乾隆十三年（一七四八）に設けられたもので、王府役人の座敷や当が御番役として務めた。乾隆三十三年（一七六八）には玉陵で初めて公式に清明祭が行われた。現在、沖縄では旧暦三月に清明祭が代表的な年中行事となっているが、玉陵はその発祥ともいえよう。

園比屋武御嶽石門（那覇市首里）

守礼門をくぐり、首里城正門の歓会門に向かう途中の左側に園比屋武御嶽《そのひゃんうたき》石門がある。石門は園比屋武御嶽という聖域の入口に当たる。『琉球国由来記』には御嶽は「ソノヒヤブノ御イベ」とあり、国王が外出のさい、道中の安全を祈願する拝所であった。

門は木造唐破風形式の門を琉球石灰岩で模した造りで左右に伸びた石牆《せきしょう》が付属する。正徳十四年（一五一九）の建立。八重山の西塘《にしとう》の手によるものと伝えられ、同型の石門は同年、弁ケ嶽《べんがたけ》にも建立された。門には砂岩製の扁額が掛けられている。扁額は「首里の王、おきやかもいかなし（尚真王の神号）の御代《みよ》にたて申候」と漢字交じりの平仮名で書かれ、中国年号で「正徳十四年（一五一九）」が確認できる。

砂岩製の大棟には彫刻がほどこされ、中央に宝珠、左右に鯱《しゃちほこ》、妻飾りには懸魚《げぎょ》が配置されている。板葺き屋根が一般的だった十六世紀の建築様式をうかがうことができる。ちなみに沖縄の赤瓦は十八世紀頃に登場し、それ以前は灰色の瓦（高麗系、大和系、明朝系に分かれる）が主流であった。

なお園比屋武御嶽の石門はそのものが御嶽なのではない。その背後に広がる森一帯が御嶽なのである。この聖域内は神像や神殿などは何もない空間である。石門の扉の前には香炉が置かれており、現在でも祈願に訪れる地元の人が絶えない。門は日常的に出入りをするために使われてはおらず、石門が祈願を行う祭壇の役割を果たしている。

戦前の昭和八年（一九三三）には国宝に指定されたものの、昭和二十年（一九四五）の沖縄戦で大破。一部が残っていたが昭和三十一年（一九五六）に撤去され、新たにトラバーチンで再建された。昭和六十一年（一九八六）にふたたび古材を一部を用いて全面修復され、平

園比屋武御嶽石門

成十二年（二〇〇〇）に世界遺産として登録された。

円鑑池と弁財天堂

首里城久慶門と円覚寺に隣接する場所に位置する円形の人工池。円鑑池《えんかんち》と龍潭とは龍淵橋《りゅうえんきょう》でつながり、池中央の中島には弁財天堂《べざいてんどう》が建つ。中島は天女橋《てんにょばし》で連結されている。

創建年代は尚真王代の弘治十五年（一五〇二）。円鑑池を掘って中島を造成し経堂を建立、成化三年（一四六七）に朝鮮よりもらたらされた大蔵経を収蔵した。ところが万暦三十七年（一六〇九）、薩摩島津軍の侵攻で経堂は破壊。しばらくそのまま放置されていたが、天啓元年（一六二一）に堂宇を再建し円覚寺の方丈から弁財天の像を移設し、弁財天堂とした。

乾隆九年（一七四四）に天女橋が崩落する危険が生じ、改修がおこなわれた。橋は堂宇に近すぎたことから離して設置し、景観が向上したという。改修を記念した「重修天女橋碑」（復元）が池のほとりに立つ。同治八年（一八六九）に焼失したが再建。昭和二十年（一九四五）沖縄戦で弁財天堂は灰燼《かいじん》に帰し、天女橋も破損した。戦後の昭和四十三年（一九六八）に弁財天堂が、翌年に天女橋が復元された。

弁財天堂は赤瓦屋根の宝形造りで中央上部に瓦製の火炎宝珠を配置する。天女橋は石灰岩の石積みでアーチ門を造り、橋の左右には砂岩製の欄干が付いている。首里城内の龍樋の水はこの円鑑池に流れ込み、さらにあふれた水は龍淵橋を通って龍潭へと流れる仕組みである。首里城公園のメインの観光ルートには外れているので訪れる観光客はまばらだが、弁財天堂は現在でも地元の人々が拝みに訪れる場所となっている。

勝連グスク（うるま市勝連）

勝連城は沖縄本島東海岸のほぼ中央部、勝連半島の標高およそ百《メートル》の琉球石灰岩上に位置する。伝承によると英祖王統の第二代、大成王《たいせいおう》（一三〇〇～一三〇八年）の五男が勝連按司となり築城したという。発掘調査では十四世紀後半頃に大規模造成が行われ、城が整備されたことがわかっている。勝連の城主は代々つづくが、九代目の茂知附《もちづき》按司は酒食におぼれたため領民の反発を買い、農民出身の阿麻和利が人々の支持のもと茂知附按司を倒し、新たな城主に就いたと伝わっている。

阿麻和利の時代に勝連城は全盛期を迎え、神歌集の『おもろさうし』には勝連が日本本土の鎌倉に例えられており、その繁栄ぶりがうかがえる。グスクの眼下には大型船が停泊可能な中城湾があり、ここを拠点とした交易活動が繁栄をささえていたとみられる。『おもろさうし』では北方の奄美大島、喜界島からの貢納船が勝連に来航した様子も歌われており、発掘調査では中国龍泉窯をはじめとした陶磁器が多数出土するなど、交易が活発だったことを裏づけている。

十五世紀中頃、阿麻和利は首里城の王に匹敵するほど台頭し、天順二年（一四五八）、阿麻和利は謀略により中城按

弁財天堂と天女橋

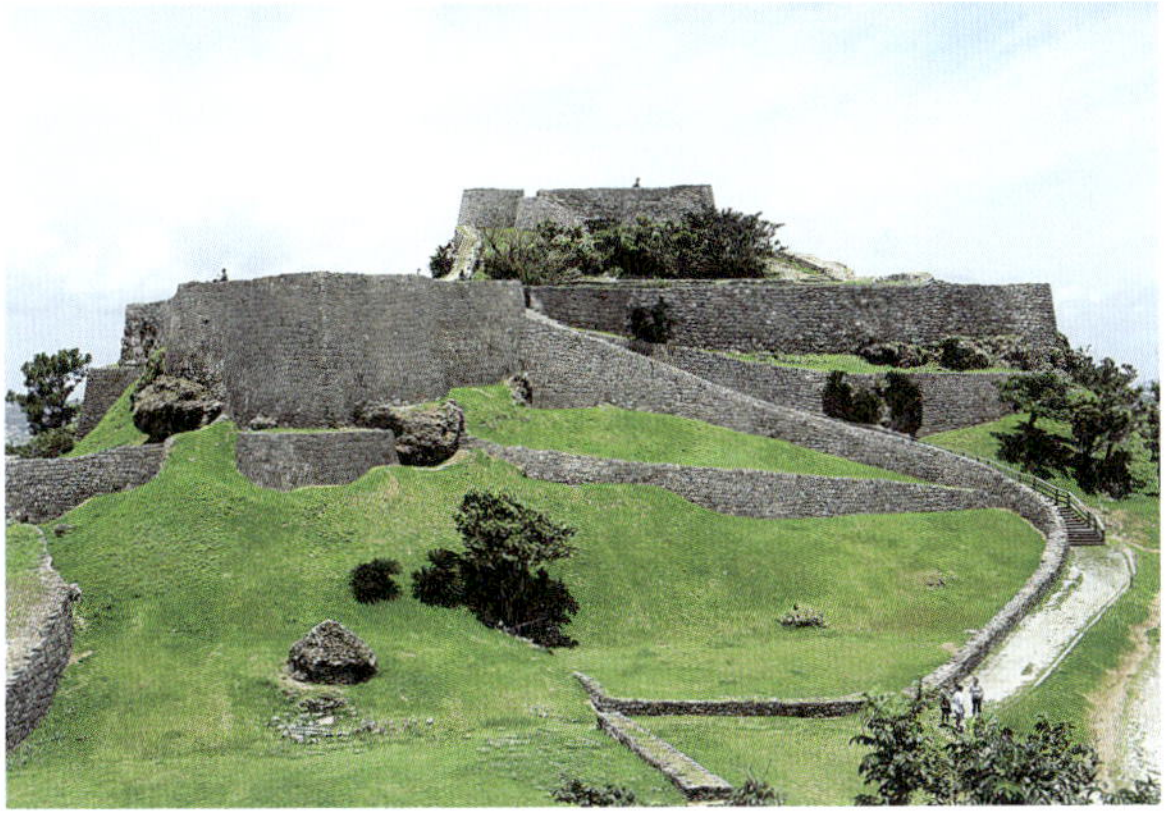
勝連グスク遠景

司の護佐丸を滅ぼすも途中で計画が発覚し、勝連グスクは大城賢雄《うふぐすくけんゆう》率いる首里王府軍の攻撃を受け落城、阿麻和利は討たれた（護佐丸・阿麻和利の乱）。乱の後は廃城となるが、城内の御嶽は地元民の信仰の対象となり、近世期には地元役人の神谷掟・金城仁屋により香炉が寄進されている。

グスクの構造は五つの郭からなり、最高地点の一の郭から二、三、四の郭と階段上に低くなっており、東の郭はふたたび高くなった丘陵を囲む特徴的な造りとなっている。遠くから眺めると城は中国式のジャンク船の形に見えたという。一の郭には大和系灰色瓦の建物があり、城主の私的空間として使用されたとみられる。ここからの眺めは良く、沖縄本島北部の山々、中城湾や南の知念半島を一望することができる。ちなみに寛永十六年（一六三九）に渡来した薩摩藩士の伊東祐昌が王府役人とともに廃城となった勝連グスクを訪れており、眺望を楽しんだようだ。

二の郭には礎石をもつ大型の板葺き建物があり（瓦葺きの可能性も）、正殿として機能したようである。二の郭から階段でつながる三の郭は広場になっており、正殿前に広場（御庭）がある他のグスクのスタイルと共通する。四の郭には多数の井戸があり、城の水源として重要な地点で、外部に通じる二つの門（西原御門・南風原御門）もある。東の郭は南東部の丘陵を石垣で防御しているが、石垣の外側からはV字に掘られた堀切も見つかっている。

座喜味グスク（読谷村座喜味城原）

座喜味グスクは沖縄本島中部の西海岸側、読谷村のほぼ中央部に築かれたグスクである。標高百二十七㍍《メートル》の赤土（国頭マージ）台地上に立地するが、沖縄の多くのグスクが琉球石灰岩の丘陵に築かれるのに対し、座喜味グスクは地盤の弱い粘土質の上にあるのが特徴である。

築城年代は十五世紀初頭。読谷の北にある恩納間切《おんなまぎり》（間切は琉球の行政区画名）の山田按司だった護佐丸の手による。護佐丸は中山の尚巴志にしたがい、永楽十四年（一四一六）に山北王の居城・今帰仁グスク攻めに参加。山北の攻略後、座喜味グスクを築城し山田グスクから移ったとされる。しかしいっぽうで護佐丸の子孫の著した『異本毛氏由来記』には、永楽八年（一四一〇）頃、山北からの侵攻に備え築城したとも記されている。築城には琉球国中、奄美・喜界島からも人夫を動員し、山田城の石積みを壊して運んだと伝えられている。

座喜味グスク

　一四四〇年代になると、護佐丸は王府の命により東海岸の中城グスクに移り、その後の座喜味グスクは廃城になったといわれるが、発掘調査では十六世紀頃まで使用されていたことがわかっている。朝鮮王朝の『海東諸国紀』（一四七一年）に掲載された琉球の地図では読谷付近に「白石城」と記されており、座喜味村の拝所に「白《しら》石《し》御《う》嶽《たき》」があることから、このグスクは座喜味グスクに比定されている。十六世紀初頭の尚真王による各按司の首里集住策が実施されるまでグスクの機能は存続していたと考えられる。

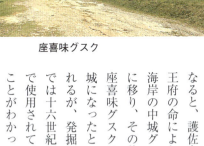

　近世期に入ると拝所として地元で崇拝され、道光二十三年（一八四三）には護佐丸の子孫である座喜味親方盛《せい》普《ふ》が江戸の公務より無事帰還したさい、城内に灯籠が寄進されている。その後、昭和二十年（一九四五）の沖縄戦時には日本軍の高射砲陣地が置かれ、戦後はグスクの一部がアメリカ軍の通信基地として使用された（〜一九七四年）。昭和四十七年（一九七二）沖縄の日本復帰で国指定文化財となり、発掘調査と復元整備が実施、昭和六十一年（一九八六）に完了している。

　グスクの構造は二つの郭からなり、面積は約六千八百平方メートルの中規模グスクとなっている。石積みは多角形の石を積む「相方積み」と長方形の石を積む「布積み」が主体で、アーチ門は沖縄最古のものとされ、門の中央部にクサビ石がはめ込まれているのが特徴である。屏風のように伸びる石積みの曲線は美しく、一の郭部分は上空から見るといびつな星形に見える。こうした構造は粘土質の弱い地盤に城壁をカーブさせることで崩れにくくする工夫と考えられており、城壁の基礎部分も溝状に掘られ地中に石灰岩の塊を敷き、土台が強化されている。また石積みの張り出し施設を多数設けることで、様々な角度から敵の攻撃に対応できる防御上のすぐれた工夫との指摘もされている。

一の郭には基壇と礎石を備えた約十七×十五メートルの建物跡があり、瓦が出土しないことから板葺き屋根と推定されている。発掘調査からは中国陶磁器やグスク土器、古銭などの金属製品や炭化米・麦などが見つかっているが、大半が十五世紀中頃から十六世紀前半のものであり、グスクの使用期間が短いものだったことを示している。

中城グスク（中城村・北中城村）

沖縄島東海岸の石灰岩台地上約百六十メートル地点にあり、面積一万四千五百平方メートルの大型グスクである。六つの郭に分かれており、一の郭から三の郭にかけて階段状に城壁が連なっている。とくにこの部分は凹状に石垣が張り出している構造が特徴である。北側と東側は断崖となり天然の要害となっている。南の郭は御嶽が集中する聖域で、その他には一の郭、二の郭の西側に隣接し、正門のある細長い西の郭と、水源と裏門のある北の郭からなる。

その歴史は十五世紀以前の先中城《さきなかぐすく》按司の時代と、それ以降の護佐丸の時代とに分かれる。先中城按司は伝承によると今帰仁グスクの中北山系の子孫にあたり、その二代目が創建したというが詳細は不明である。少なくとも十五世紀前半までに先中城按司によって一の郭・二の郭など中心部がすでに築かれていたことは確かである。

一四四〇年頃には琉球国王の命により、座喜味グスクを居城としていた読谷山按司の護佐丸が中城グスクに移ってきた。先中城按司は代わって沖縄本島南部の真栄里《まえざと》グスクに居をかまえた。護佐丸は王朝の創業者・尚巴志王の代より仕える歴戦の名将であり、第五代国王・尚泰久の舅《しうと》という実力者で当時台頭してきた勝連按司の阿麻和利に対する備えのためであったとみられる。

護佐丸の移封にともない中城グスクの防御もさらに強

化される。三の郭と水源の井戸（ウフガー）を囲うための北の郭・裏門が新たに増築された。その石積みは相方積みという多角形の石を組み合わせる精緻な技法を用いており、それまでの布積み（長方形の石をレンガのように積む技法）を用いた先中城按司時代の城壁と異なる新技術を採用していた。

中城グスク正門

天順二年（一四五八）、阿麻和利は天下奪取の野望をついに実行に移す。鉄壁の守りを誇る中城グスクに正面から攻めるのが不利と考えた彼は首里城の尚泰久王のもとへ行き、護佐丸に謀反の企みありと密告。阿麻和利の讒言《ざんげん》を信じた尚泰久は阿麻和利に護佐丸討伐の命じ、護佐丸を滅ぼした。護佐丸の死後も、彼の領有する中城間切は尚真王代（一四七七～一五二六）に王位継承者の領地となり、後継者は代々「中城王子」と称した。次の代の尚清王は王子の頃に中城グスクに居城していたとの話も伝わる。

城砦としての性格を失った後も中城グスクは廃城とならなかった。雍正七年（一七二九）に城内にあった殿（祭祀施設）が撤去されて中城間切の番所が置かれ、一の郭の正殿跡に番所の建物が立ち、地方行政の中心として機能した。咸豊三年（一八五三）には琉球を訪れたペリー艦隊が調査隊を派遣し、中城グスクの測量を行っている。明治十二年（一八七九）の琉球王国滅亡後も中城村の役場として利用されつづけたが、昭和二十年（一九四五）の沖縄戦で焼失した。なお沖縄戦時、中城グスクにはアメリカ陸軍第十四師団司令部が置かれた（同年十月十五日まで）。

内間御殿跡（西原町嘉手苅）

第二尚氏王朝始祖の尚円が即位する前、金丸と呼ばれていた時代の邸宅跡。景泰五年（一四五四）、尚泰久王より西原《にしはら》間切《まぎり》内間《うちま》の地を与えられ「内間里主」と称し、屋敷を構えた。歴史書『球陽』によると「わずかに一年をへるに、百姓大いに服し、名世に聞ゆ」と善政を敷いたという。その後、天順二年（一四五八）に御物城御鎖之側に就任するも、次の尚徳王と対立し、成化五年（一四六八）に職を退き、内間に隠遁した。翌年、尚徳が死ぬと首里城でクーデターが発生し、群臣に推戴され王となるまで利用された。なお龍衣を持って内間に向かった群臣に対し、金丸は当初王への即位を固辞し、逃亡した浜でついに群臣の懇願を容れ、龍衣を着けて首里へと上ったという。この場所は脱衣岩（脱御衣瀬《んすはじー》）と呼ばれたが、現在は埋め立てられている。

金丸の即位後、この地は国家的聖地となり、十七世紀中頃、摂政・羽地朝秀の時代に本格的に整備された。旧宅にあった大殿内という建物を移転して西江御殿とし、その跡地に茅葺きの東江御殿を建築。ご神体として金丸が使用していた青磁の枕を祀った。康熙十八年（一六七九）には竹垣の囲いも追加されたが、康熙二十八年（一六八九）には老朽化により御殿は破損。同年に二×三間の瓦葺き、樫木造りの建物に改修された。

雍正十三年（一七三五）に御殿内の枕が盗難に遭った。王府は捜索し幸い枕を見つけ、もとに戻された。このため翌年、東江御殿は従来の竹垣から石垣囲いを築き、鍵付きの門も設置。管理を厳重とした。西江御殿も瓦葺きに改めた。雍正十六年（一七三八）には尚敬王の直筆の扁額「致和《ちわ》」が正門に、改修の経緯を記した「先王旧宅碑記」が敷地内に設置された。ところが道光四年（一八二四）に枕はふたたび盗難され行方不明となり、西江御殿にあった青磁小皿をご神体に替えた。

近代には尚王家所有の財産となるが、沖縄戦により建物は焼失。戦後、御殿跡にはトタン屋根の木造建物が建てられ、現在にいたる。

内間御殿は東江御殿と西江御殿で構成される。かつての東江御殿は瓦葺き寄棟造《よせむねづく》りの本殿と「先王旧宅碑記」

を蓋《おお》う宝珠屋根の瓦葺き堂宇《どうう》と木造の正門、周囲約九十㍍を囲う相方積みの石垣からなる。石積みの上部はカマボコ状に丸く整えられている。現在は石碑の台座と石碑の一部、堂宇の礎石、尚敬筆の扁額「致和」を複製した石製扁額が現地に残されている。木製の扁額は一部破損するものの、沖縄県立博物館・美術館に所蔵されている。

内間御殿跡

内間御殿前のサワフジ

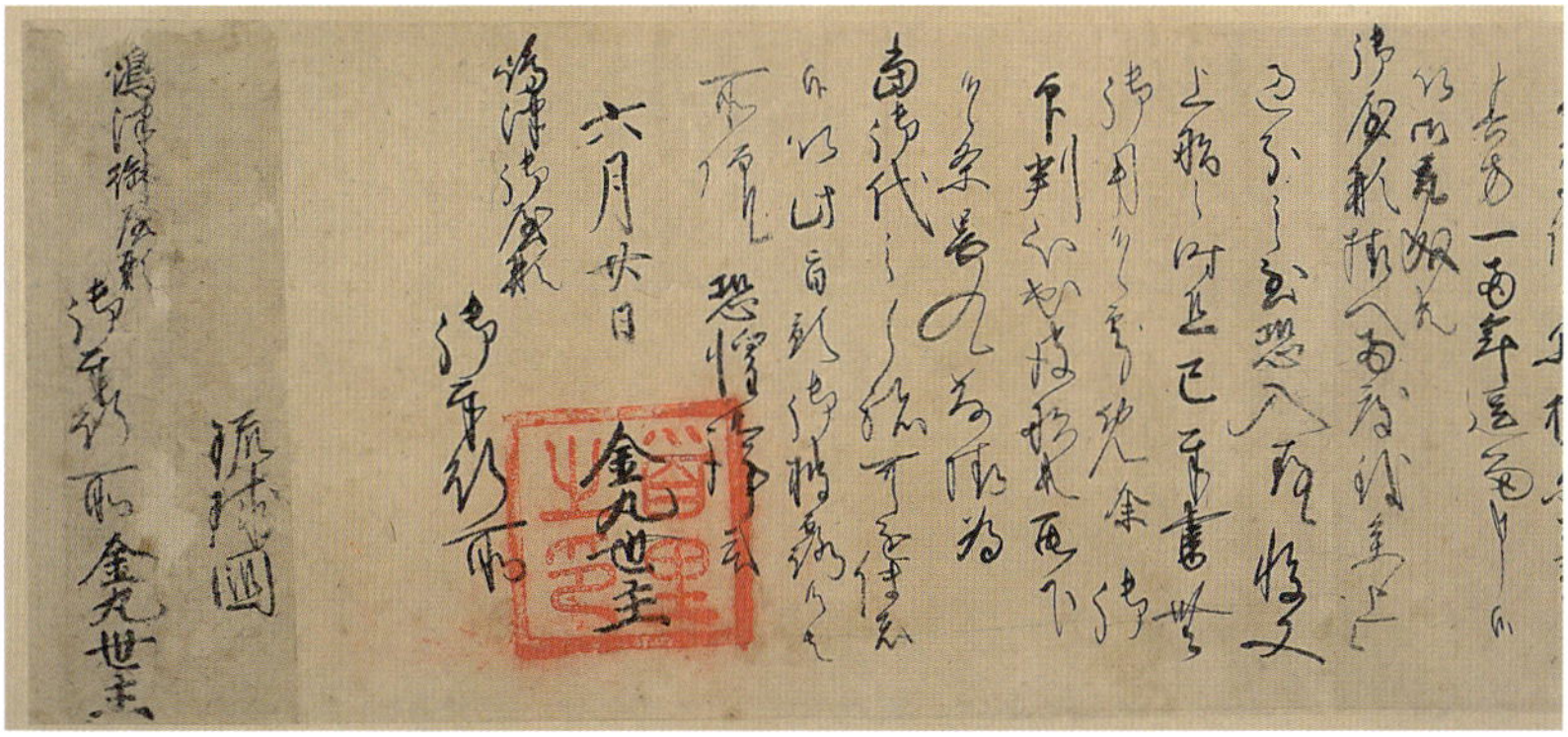

金丸世主書状　東京大学史料編纂所所蔵

正門手前にある樹齢四百七十年といわれるサガリバナ（サワフジ）も見どころの一つである。西江御殿の跡地にはトタン屋根の粗末な祠が設置されており、往時の姿をうかがうのは難しい。

近代に入り琉球の国家的祭祀の場としての性格を失った後は、御殿守（看守）の末裔や地元の神女・内間ノロらを中心として村の祭祀場としての役割を果たした。近年は調査が進んでおり、古写真や史料なども比較的多いので御殿の復元が期待される。

御物グスク（那覇市垣花町）

那覇港湾に浮かぶ小島に築かれたグスクで、十五～十六世紀頃に海外交易品をストックする宝物庫であった。古くは「見物《みもの》グスク」と呼ばれたようで、『琉球国図』には「見物具足」とあり、「江南・南蛮の宝物、ここに在り」と記されている。「みもの」とは「美しい、立派」という意味である。近世期に古語を集めた『混効験集』にも「みものぐすく」とあり、本来はこの呼び方であったとみられる。王位に就くまでの金丸（尚円）はこの御物グスクを管轄する長「御物城御鎖之側」であった。単なる宝物庫の管理人ではなく、王国中枢の那覇行政をも兼ねる重職であった。

金丸が御物グスクに勤めていたさいにこんな逸話が残されている（『球陽』）。那覇泊村に住む安里大親の邸宅前は金丸の御物グスクへの通勤路であった。金丸を見た安里大親は、彼に王となる相があることを知って自宅に招き宴を開いた。安里は王に対する厚遇でもてなしたが金丸はこれを固辞。帰る金丸が馬に乗ろうとしたさい、足に金のアザがあるのを安里は見て、このアザこそ貴相であると確信した。やがて尚円として王位に上った金丸は安里大親を取り立てて安里村の地頭職としたという。一説には、尚徳王の死後、首里城御庭で王子の継承に異議を唱え、クーデターのきっかけを作った老人はこの安里であるという。

近世期に御物グスクは宝物庫としての役割を終え、康熙五十五年（一七一六年）には一時的に塩焇蔵《えんしょう》（火薬庫）として利用されたが、海上にあり湿気が多いため翌年には移設されている。十九世紀頃の那覇港を描いた『那覇港図屏風』には御物グスク内にすでに建物はなくなっている。近代になると敷地内に高級料亭の「風月楼」が営業し、多くの客で賑わった。戦後は米軍基地の敷地内となりコンクリート製の建物が建てられた。戦後行われた試掘調査では青磁・白磁などの陶磁器、とくに十五世紀の中国龍泉窯の青磁が多く出土しており、この地がまさに宝庫であったことを示している。

御物グスク

　陶磁器の年代をみても十五世紀以降のものが大半であり、御物グスクの創建年代が交易が活発化し、那覇港が整備された尚巴志王代以降であることが傍証される。現在でも敷地内の表土には陶磁器の欠片が散らばっているのを確認できる。本格的な発掘調査が待たれる。

　御物グスクの面積は九百三十三平方メートル、単郭式の城壁でアーチ式の門が付く。現在は埋め立てによって陸地とつながっているが、当時は本島と連結する橋などはなく、船で往来していたようである。比較的残存状況はよいが未整備のため樹木が根を張り、石垣が崩落する危険がある。石垣は多角形の石を噛み合わせる相方積みが主体で、一部にレンガ積みの布積みも散見される。珊瑚性の石灰岩（海石）が多用されており、おそらく付近より石を切り出して積んだのであろう。この傾向は近くにある那覇港口の三重グスクにも見られる。グスク石材の切り出しや運搬については未解明な点が多く、御物グスクの石材はそれらを考えるヒントを与えてくれる。

　残念ながら米軍基地内のため立ち入ることはできないが、対岸の那覇港の埠頭よりアーチ門やグスクの全景を見ることができるので、その場所からの見学をおすすめしたい。

末吉宮（那覇市首里末吉）

琉球八社の一つ。熊野三所権現を祀り、創建年代は十五世紀中頃。首里の天界寺《てんかいじ》住持の鶴翁智仙《かくおうちせん》が夢で熊野権現のお告げを聞き、尚泰久王に上奏、景泰年間（一四五〇〜五六年）に建立したものと伝えられている。鶴翁は琉球から京都の東福寺へ赴き彭叔守仙に近侍し、足利学校でも修行した僧である。

　末吉宮は「社壇《しゃだん》」とも呼ばれ、近世には琉球国王が毎年参詣に訪れる場所であった。神宮寺は遍照寺《へんしょうじ》で真言宗の寺。もとは万寿寺と称し、康熙十年（一六七一）まで禅宗寺院であった。この寺には察度王の肖像画があったと伝えられているが、万暦三十八年（一六一〇）の火災で焼失したという。天順元年（一四五七）に鋳造した万寿寺の梵鐘《ぼんしょう》も残されており（沖縄県立博物館・美術館蔵）、当寺は組踊「執心鐘入」の舞台としても知られている。

　末吉宮は本殿と拝殿からなり、巨岩の上に建つ本殿は隣接する小さな岩山から石造の階段磴道《とうどう》でつながれ、巨岩と磴道の上に黒漆塗りの長い柱を立てて拝殿を配置する独特の造りである。拝殿はまるで「沖縄版清水寺」の様相を呈する。構造的に無理な造りも影響したのか大正二年（一九一三）には老朽化で拝殿は倒壊。平成十一年（一九九九）に復元された。本殿は昭和十一年（一九三六）、国宝に指定されたが沖縄戦で焼失。昭和四十七年（一九七二）に復元されたものである。遍寺寺は末吉宮から石畳道を下った場所にあり、わずかに石積みと建物の基壇だけが残されている。

遍照寺石垣前に残る石畳道

末吉宮

注目されるのは、末吉宮前の参詣道が王国時代の姿をほぼそのまま残している点である。観光地として知られる金城町の石畳に匹敵するような石畳の古道を歩くことができる。首里城から末吉宮に到る王国時代の街道は、園比屋武御嶽石門横の階段から弁財天堂の横を通過し、龍潭に沿って松崎馬場を抜け、中城御殿の石垣横の坂道を儀保《ぎぼ》方面に下っていく。「儀保くびり」という丘陵を越えると（現在は切り開かれ、県道二四一号線から通過できる）、首里入口にあたる平良橋（太平橋）があり、そこから末吉公園に通じる小道を登っていくと、木々に囲まれ曲りくねった石畳道が姿を現す。

現在では末吉公園内からもアクセスできるので、末吉宮を訪れた際には、あわせて石畳道も散策することをおすすめしたい。なお摩耗した石畳は雨天時には滑りやすいので注意が必要だ。参詣道もふくめ、末吉宮は琉球王国時代の権現社の姿をうかがうことができる貴重な場所である。

【参考文献】

安里　進『グスク・共同体・村』（榕樹書林、一九九八年）
池谷望子・内田晶子・高瀬恭子編『朝鮮王朝実録　琉球史料集成』（榕樹書林、二〇〇五年）
伊波普猷・東恩納寛惇編『琉球史料叢書　第五巻　中山世鑑』（東京美術、一九七二年）
入間田宣夫・豊見山和行『日本の中世5　北の平泉、南の琉球』（中央公論新社、二〇〇二年）
上里隆史『海の王国・琉球』（洋泉社歴史新書y、二〇一二年）
上里隆史「琉球戦国史」（『歴史群像』一二九号　学研パブリッシング　二〇一五年）
浦添市教育委員会編『史跡浦添城跡整備基本計画書』（浦添市教育委員会、一九九六年）
岡本弘道『琉球王国海上交渉史研究』（榕樹書林、二〇一〇年）
沖縄県教育委員会編『歴史資料調査報告書V　金石文』（緑林堂出版、一九八五年）
沖縄県立図書館史料編集室編『歴代宝案　訳注本第一冊』（沖縄県教育委員会、一九九四年）
沖縄文化振興会公文書館管理部史料編集室編『歴代宝案　訳注本第二冊』（沖縄県教育委員会、一九九七年）
沖縄県文化振興会史料編集室編『沖縄県史　各論編3　古琉球』（沖縄県教育委員会、二〇一〇年）
球陽研究会編『球陽　読み下し編』（角川書店、一九七四年）
黒嶋　敏『中世の権力と列島』（高志書院、二〇一二年）
首里城友の会編『首里城の復元―正殿復元の考え方・根拠を中心に―』（（財）海洋博記念公園管理財団、二〇〇三年）
曽根信一「護佐丸について、琉球国時代に書かれた文献資料」（『読谷村率歴史民俗資料館紀要』一九号　一九九五年）
高良倉吉『新版琉球の時代』（ひるぎ社、一九八九年）
高良倉吉『琉球王国史の探求』（榕樹書林、二〇一一年）
知名定寛『琉球仏教史の研究』（榕樹書林、二〇〇八年）
豊見山和行編『日本の時代史18　琉球・沖縄史の世界』（吉川弘文館、二〇〇三年）
中城村教育委員会編『写真が語る護佐丸の居城―中城城跡その周辺―』（中城村教育委員会、二〇〇四年）

南城市教育委員会編『佐敷上グスクほか範囲確認調査報告書』(南城市教育委員会、二〇〇六年)
南城市教育委員会編『島添大里グスク―都市公園計画に係わる緊急確認発掘調査報告書(5)』(南城市教育委員会、二〇一一年)
橋本　雄『中世日本の国際関係』(吉川弘文館、二〇〇五年)
波照間永吉・外間守善編『定本 琉球国由来記』(角川書店、一九九七年)
外間守善・西郷信綱編『日本思想体系18 おもろさうし』(岩波書店、一九七二年)
摩文仁賢貞『夏姓大宗由来記』(浦崎賢功複写本)
村井章介『東アジア往還 漢詩と外交』(朝日新聞社、一九九五年)
村井章介『日本中世境界史論』(岩波書店、二〇一三年)
村井章介『境界史の構想』(敬文舎、二〇一四年)
琉球新報社編『新琉球史 古琉球編』(琉球新報社、一九九一年)
和田久徳・池谷望子・内田晶子・高瀬恭子編『「明実録」の琉球史料(一)』(沖縄県文化振興会文書管理部史料編集室、二〇〇一年)
渡辺美季『近世琉球と中日関係』(吉川弘文館、二〇一二年)
『日本歴史地名体系第四八巻 沖縄県の地名』(平凡社、二〇〇二年)

尚氏略年表

中国暦・和暦	西暦	事跡
洪武五・応安五	一三七二	尚巴志、佐敷按司・思紹の長男として生まれる。中山王の察度、明へ初入貢。
洪武十三・康暦二	一三八〇	山南王の承察度、明へ入貢。
洪武十六・永徳三	一三八三	明皇帝、三山に停戦勧告。山北王の帕尼芝、明へ入貢。
洪武三十一・応永五	一三九八	中山王に追われ朝鮮に亡命中の山南王・温沙道（承察度か）、死去。
建文四・応永九	一四〇二	尚巴志、佐敷按司となり、島添大里按司を滅ぼす。
永楽二・応永十一	一四〇四	中山王武寧、初めて明から冊封される。
永楽四・応永十三	一四〇六	尚巴志、中山王武寧を滅ぼす（第一尚氏王朝の成立）。
永楽十三・応永二十二	一四一五	金丸（のちの尚円）、伊是名島に生まれる。
永楽十四・応永二十三	一四一六	中山軍、今帰仁グスク攻略。山北王攀安知を滅ぼす。
永楽十九・応永二十八	一四二一	思紹死去。翌年、尚巴志即位。
宣徳二・応永三十四	一四二七	懐機、首里城外に人工池・龍潭と安国山を築造。
宣徳四・永享元	一四二九	尚巴志、山南王他魯毎を滅ぼす（三山統一）。
正統元・永享八	一四三六	尚巴志、懐機とともに中国江西省竜虎山の天師大人に誥録（護符）を求める。
正統三・永享十	一四三八	金丸、島民より水泥棒の疑いをかけられ伊是名島を脱出。沖縄島北部の宜名真へ。
正統四・永享十一	一四三九	尚巴志死去し天齎山（天山陵）に葬られる。次男の尚忠が即位。
正統六・嘉吉元	一四四一	金丸、越来王子の尚泰久に見出され、やがて首里城で家来赤頭に就く。

景泰三・享徳元	一四五二	懐機、尚金福の命により那覇の海中道路・長虹堤を完成させる。
景泰四・享徳二	一四五三	王位継承をめぐる志魯・布里の乱。首里城正殿焼失。尚泰久王が即位。
景泰五・享徳三	一四五四	金丸、西原間切内間の里主になる。
天順二・長禄二	一四五八	護佐丸・阿麻和利の乱。「万国津梁の鐘」を首里城正殿に掛ける。
天順三・長禄三	一四五九	金丸、御物城御鎖側に就任。
天順四・寛正元	一四六〇	尚泰久死去。尚徳が即位。
成化二・文正元	一四六六	尚徳、自ら二千の軍勢を率い喜界島を征服。天界寺大宝殿を建立。
成化五・文明元	一四六九	尚徳死去、家臣団のクーデターが勃発し、王族ら殺害される。
成化六・文明二	一四七〇	群臣の推戴により金丸（尚円）即位、第二尚氏王朝の成立。
成化十二・文明八	一四七六	尚円死去。翌年、弟の尚宣威が即位するも神女の託宣により退位。子の尚真が新たに即位。
弘治七・明応三	一四九四	円覚寺竣工。芥隠承琥、開山住持に。
弘治十三・明応九	一五〇〇	石垣島オヤケ・アカハチの乱。首里王府軍と宮古島勢三千余、八重山を征服。
弘治十四・文亀元	一五〇一	尚真、王墓の玉陵を造営。
弘治十八・永正二	一五〇五	尚真の母オギヤカ死去にともない、殉死の風習廃止。
嘉靖元・大永二	一五二二	宮古島の仲宗根豊見親、与那国島の鬼虎を制圧。
		尚真、首里城から那覇港南岸までの街道「真珠道」整備。
嘉靖五・大永六	一五二六	尚真死去。

著者略歴

一九七六年長野県生まれ、沖縄で育つ
琉球大学卒業後、早稲田大学大学院修士課程修了
現在、法政大学沖縄文化研究所国内研究員

〔主要編著書〕
『琉日戦争一六〇九』（ボーダーインク、二〇〇九年）
『海の王国・琉球』（洋泉社、二〇一二年）
「古琉球期における首里城の様相と変遷」（島村幸一編『首里城を解く』勉誠出版、二〇二一年）

人をあるく
尚氏と首里城

二〇一六年（平成二十八）一月一日　第一刷発行
二〇二三年（令和　五　）四月一日　第二刷発行

著　者　上《うえ》里《ざと》隆《たか》史《し》
発行者　吉川道郎
発行所　株式会社 吉川弘文館
郵便番号一一三―〇〇三三
東京都文京区本郷七丁目二番八号
電話〇三―三八一三―九一五一〈代表〉
振替口座〇〇一〇〇―五―二四四
組版　有限会社ハッシィ
印刷　藤原印刷株式会社
製本　ナショナル製本協同組合
装幀　有限会社ハッシィ

ISBN978-4-642-06789-8